図解 水の神と精霊

F FILES No.021

山北　篤 著

新紀元社

はじめに

水。

それは生き物を活かし、そして殺すもの。

そもそも、人間の体重の過半数は水でできている。水を無くせば、人は死ぬしかない。食べ物が無くなっても人間はすぐには死なないが、水がなければ、ほんの3日も保たない。

だが、人類を滅ぼすのも、これまた水だ。世界中の神話において、人類を滅ぼす最大のものは、地上を覆い尽くす大洪水だ。ノアの箱船の神話は、キリスト教だけのものではない。世界中に同様の神話があり（その中には、ノアよりもさらに古い神話も多い）、世界のあちこちで人類は洪水で滅ぼされてきた。

水の神話は、基本的には優しいものが多い。人を愛する精霊や、人を育む神など、枚挙にいとまがない。

だが、水が優しいからこそ、その復讐も恐ろしい。水を裏切ったものには、多くの場合死が待っている。

この優しさと、その奥に秘めた怒りが水の神秘を彩っている。

また、水は我々の身の回りにいくらでもあるものだけに、その神話も多彩である。河には河の、池には池の、精霊や妖精や神がいて、我々を見守っている。

また、海というもの。広大で、無限に広がり、冒険の舞台となる海。この海にも、我々の祖先は、大いなる夢と幻想を抱いた。

だが、海を行くということは、危険と隣り合わせでもある。だからこそ、人々は海の神を信じ、その加護を願った。

海の神は、荒ぶる神であり、その怒りの矛先が向いたときには、人の命は儚く消えてしまう。だが、その加護を得れば、莫大な財宝や力を得ることも不可能ではなかったのだ。

この水と海についてのファンタジーを紹介するために書かれたのが、この本だ。水の神話の楽しさと怖さを味わってもらいたい。

山北　篤

目次

目次

第1章
水の精霊と水妖たち

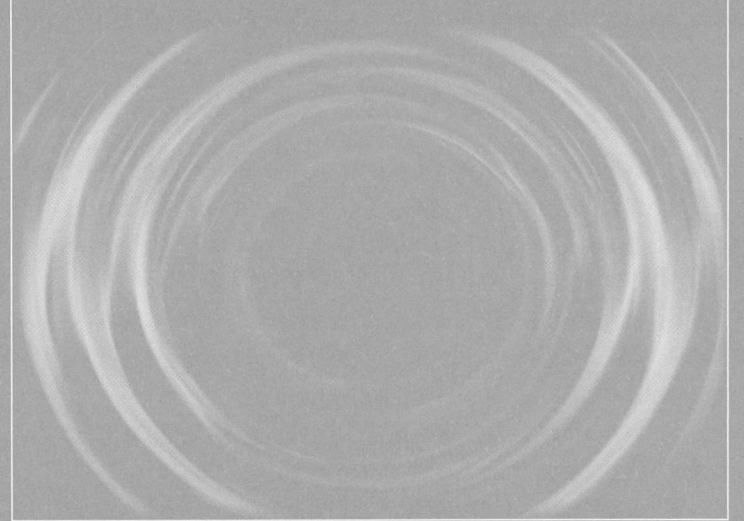

No.001

水の科学

H_2O

水は、我々生物を構成する基本物質だ。そして、この地球の環境を作ってきたのも、水なのだ。

●水＝ありふれた異常な物質

水。我々の周囲に存在するありふれた物質だが、実は特殊な物質だ。

まず、水は万能の溶剤（何かを溶かす液体）だ。砂糖や塩をはじめとして、多種多様な物質を溶かすことができる。ごく微量だけ溶かせるものも含めれば、ほとんど全ての物質を溶かすことができるといっても過言ではない。

地球に生命が発生したのも、この水という万能溶剤の存在を抜きにして語ることはできない。水という物質が、固体（氷）でも気体（水蒸気）でもない液体（水）として存在できる気温だったからこそ、地球には生命が発生できたのだ。

万能溶剤である水によって、地球上に発生した物質が溶かされて運ばれ、他の物質と反応する。これによって、生命を発生させうる複雑な有機物ができあがることになった。

その意味で、多くの神話が水を生命の母としているのは、決して間違いではないのだ。現在の人間でも、その体重の60～70％は水である。赤ん坊では、80％近くが水だという。

次に、通常の物質は、気体よりも液体、液体よりも固体にと、密度が大きくなる（同じ質量の物質の体積が小さくなる）。ところが、水は固体から液体になると、体積が小さくなる（密度が大きくなる）のだ。このような振る舞いをする物質は、水以外には、ガリウムやケイ素などごく少ない。

もし、水の固体が液体より重ければ、温度の低い海底で氷が発達し、いずれは海の表面まで凍り付く。すると、太陽光を反射し、ますます温度が下がる。地球が暖かいのは、水が異常液体だからなのだ。

また、岩の中にしみこんだ水が凍って岩を砕くという風化現象も起こらず、地球はもっと急峻な地形になっていたはずだ。

つまり、現在の住みやすい地球は、水の異常さのおかげでもあるのだ。

ありふれているが実は特殊な物質

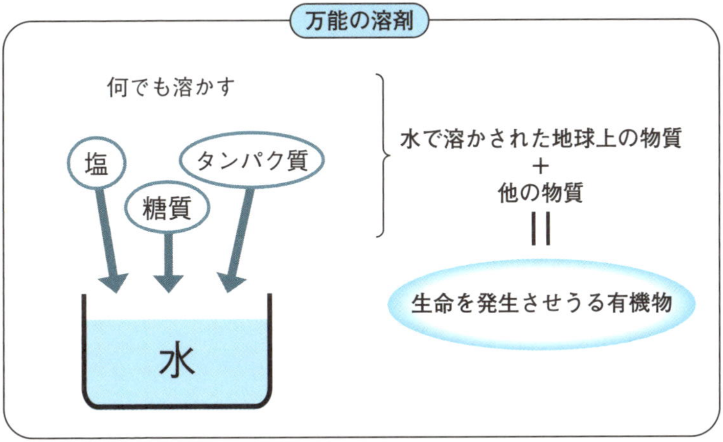

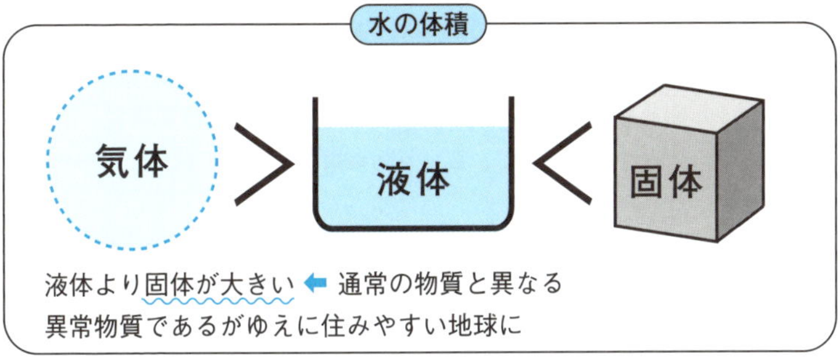

◆日本は水の乏しい国

こう言うと、多くの人は不思議そうな顔をする。こんなに雨が多く、豊かな水の国を、どうして「水の乏しい」国なんて言うのだろうと。

確かに、日本は雨の多い地域で、年降水量は1700mmほどあり、世界平均の950mmの倍近くある。

しかし、人口あたりで割ってみると、1年で日本人1人あたりの降水量は、わずか5000m^{3}しかなく、世界平均の2万7000m^{3}の5分の1以下しかない。サウジアラビアのような砂漠の国よりも、少ないのだ。

我々は、もっと水を貴重に思い、大事に使わなければならない。

No.002

万物は水

Water as a first principle

古典ギリシャでは、世界の有り様を哲学した。その中に、その一端を水へと結びつける思想が現れた。

●水は全ての根源たり得るか

古代ギリシャの哲学者は、世界の構造を様々に考察した。

紀元前5世紀のエンペドクレスは、四大元素説を唱え物質の根源（アルケー）は、地水火風であると主張した。

この考えは、アリストテレスによって広められ（アリストテレスの高名さから、四大元素説自体をアリストテレスの唱えたものだと誤解している人も多い）、古典ギリシャにおいて主流となる思想であった。

この思想は、遙か後世まで影響を残し、中世の魔術や錬金術においても、物質の基本をこの四つに置いて、様々な考察がなされた。

だがもっと極端な哲学者もいた。紀元前6世紀の哲学者タレスは、歴史に残る最古の自然哲学者であるが、彼は万物の根源（アルケー）は水であると主張した。

アリストテレスの『形《けい》而《じ》上《じょう》学《がく》』では、最初に哲学した人々（つまり、自分たちの先輩たち）のことを、以下のように紹介している。

最初に哲学した人々は、物事に何か根本的な物質（これをアルケーという）があって、それはあらゆるものの構成要素（これをストイケイオンという）となり、またあらゆるものは結局それに還元されると考えている。

そうした上で、タレスのことを、その根源的な物質を水（これをヒドールという）だと考えている哲学者として紹介している。

タレスの説は、理由がある。養分となるすべてのもの（つまり人間の食物や、植物の土壌など）には、水が含まれている。また、熱であっても、そこに水気が存在する。だからこそ、水が根本的なものだと考えた。それ故、タレスの説では、大地は水の上に浮かんでいるものなのだ。

古代ギリシャの哲学との結びつき

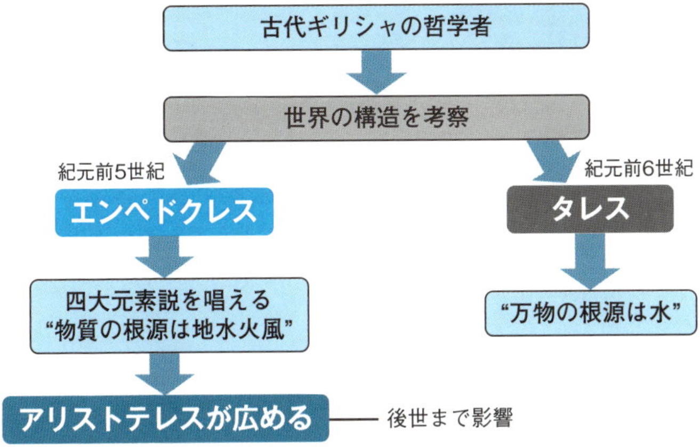

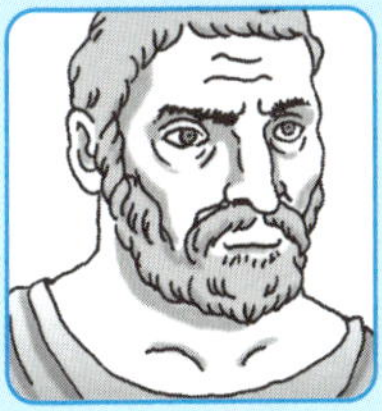

タレス（前624～前546）

- ギリシャ最古の自然哲学者
- 政治家でもあり、天文や測量にも強かった
- 日食の日付を予言した
- 測量で、エジプトのピラミッドの高さを測った
- ギリシャのイオニア学派の祖
- ギリシャ七賢人の1人

タレスの主張

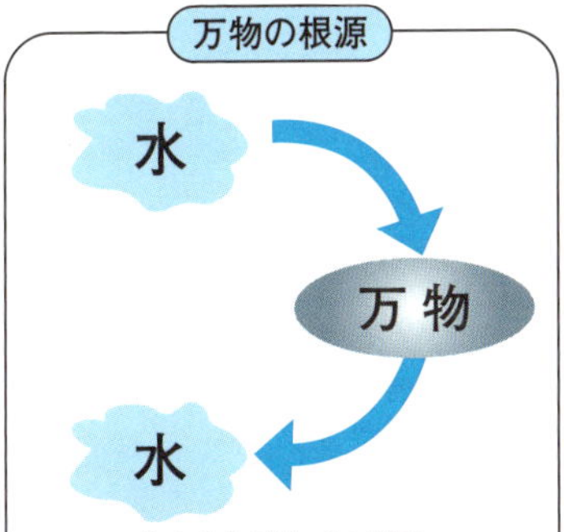

水から生成し水へ還る

大地も水の上にある

No.003

水の精霊

Water elementals

この世界には、数多くの水の精霊が棲んでいる。だが、何をもって「水の」精霊というのだろうか。

●二つの水の精霊

実は、水の精霊という言葉には、二つの意味がある。それは、水に棲む妖精と、水を本質とする精霊の二つだ。

古くは、水の精霊には1種類しかなかった。水に棲む妖精だ。我々が神話や民話で知っている水の精霊たちは、全てこちらだ。水の精霊は、穏やかな生き物であることが多いが、中には残酷だったり不気味だったりするものもいる。本書でいうなら、**アザラシ乙女**や**ニクシー**などが前者、**セイレーン**や**水棲《すいせい》馬《ば》**などは後者だ。彼らは、水の中に棲んでいるが、別に身体が水でできているわけでもない。単に水に棲むのに便利な身体をしているだけだ。

ところが、16世紀になって、パラケルススという医師・錬金術師が、四大精霊という概念を考え出した。全ては地水火風からなるという四大元素の考えを、精霊にも取り入れたのだ。この時、パラケルススは、四大精霊を、それぞれその対応元素からなる精霊とした。つまり、水の精霊は、水という元素をその本質とすると。

こうして、新たに水でできている精霊が誕生した。この精霊を**ウンディーネ**という（厳密には、ウンディーネという言葉はそれ以前からあった。ごく普通の水の精霊としてだ。だが、パラケルスス以降は、パラケルススの言う水の精霊のことをこう呼ぶようになった）。ところが、ここで問題があった。

サラマンダーは、トカゲの姿なので、火からなる精霊だとしてもそれほど違和感はない。だが、ウンディーネのような水の精霊は、ずっと昔から各地の神話や民話で多数登場していた。このため、パラケルススのウンディーネも、その影響を受けて、水でできた生き物としてではなく、人間と同じような姿をし、人間と結婚して子供を産むこともできる妖精として、描写された。

このため、水でできているのに人間と結婚できる精霊という、不思議なものができあがってしまった。

二つの意味を持つ言葉

水の精霊

古来よりの水の精霊
- 水の中に棲む
- 陸上に棲むこともできる
- 妖精の一種

↓

アザラシ乙女、ニクシー、セイレーン、水棲馬など

16世紀に現れた水の精霊
- パラケルススが決めた
- 水の元素からなる
- 古い水の精霊の特徴も併せ持つ

↓

新たに水でできている精霊の誕生

↓

ウンディーネ

パラケルスス（1493頃～1541）
- 中世ドイツの医師・魔術師・錬金術師
- 四大元素の考えを精霊に取り入れた
- パラケルススとは、古代の名医ケルススを超える（パラ）というので 付いた名前

怪物としての水の精霊

　人間の姿をしておらず、まさに水の固まりが立ち現れたような水の精霊は、ごく最近になって、ゲームなどの中で現れたものだ。

　昔からの水の精霊がそんな話を聞いたら、「自分たちはそんな化け物じゃない」と、気を悪くするだろう。

関連項目
●ウンディーネ→No.004
●ニクシー→No.008
●アザラシ乙女→No.014
●水棲馬→No.023
●セイレーン→No.028

No.004

ウンディーネ

Undine

中世の錬金術師パラケルススが、四大精霊の一つとして挙げたのが、水の精霊ウンディーネである。

●美しい美女の精霊

ウンディーネはドイツ語で、英語ではアンダイン、フランス語ではオンディーヌともいう水の精霊である。

錬金術師として高名なパラケルススが、精霊を地水火風の4種類に分類した。このとき、水の精霊にウンディーネという名前を与えた。

美しい女性の姿をしているとされ、森の中の池や滝壺に住む。彼女たちの声はとても美しく、水の流れる音にも似ている。

パラケルススによれば、ウンディーネには魂がない。だが、人間の男と結婚すれば、魂を得ることができる。だが、この場合、ウンディーネは大きな制約を受ける。

一つは、水辺で夫に罵られた場合、水中に戻らなければならないこと。

次が、夫が浮気をした場合、たとえ水中に戻った後であったとしても、夫を殺さなければならないこと。

最後に、水中に戻ったウンディーネは、魂を失うこと。

パラケルスス以前の伝説のウンディーネは、不老不死の妖精だ。彼女は、人間の男性と結婚して子供を産むと、魂を得る。ただし、その代わりに不老不死の力を失い、通常の人間同様年を取る。

ある伝説では、ウンディーネがとある騎士と結婚した。騎士は、「一呼吸ごとに、愛と誠実を君に」という誓いを行った。1年後、ウンディーネは彼の子を産み、普通に年を取るようになった。ウンディーネの容姿は衰え始め、騎士は浮気をするようになった。

浮気現場を発見したとき、彼女は「あなたは、一呼吸ごとに私への誠実を誓った。だから、あなたが起きている限り、あなたは呼吸ができる。でも、眠ってしまったら、そこで呼吸は終わるでしょう」と呪いをかけた。騎士は、必死で眠らずにいようとしたが、ついに眠りに入ってしまい死んだという。

四大精霊

錬金術師パラケルススが精霊を地水火風の4種類に分類した

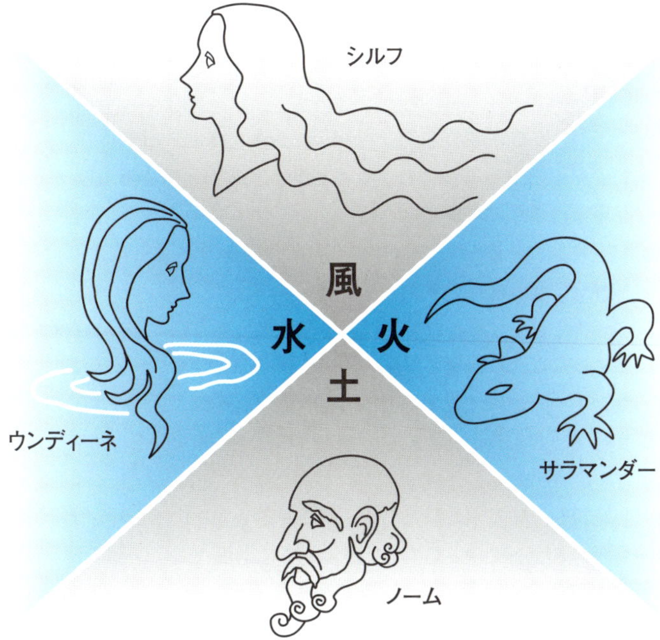

ウンディーネ ＝
- 美しい女性の姿
- 森の中の池や滝壺に住む
- 人間の男と結婚すると魂を得る

ただし、
- 水辺で夫に罵られると水中に戻る
- 夫が浮気をしたら殺さなくてはならない

ウンディーネの呪い

先天性の睡眠時呼吸障害にCCHSという病気がある。寝ているときに、呼吸障害を起こし、放っておけば死ぬ。この病気の別名は、伝説を元に「ウンディーネの呪い」という。

関連項目

●芸術作品に登場するウンディーネ→No.005

No.005

芸術作品に登場するウンディーネ

Undine in arts

美しい水の精霊ウンディーネは、多くの芸術家にインスピレーションを与えた。

●魂を得ることで不幸になるウンディーネ

美女の姿をした水の精霊、しかもパラケルススの制約を持つ彼女たちは、多くの芸術家の創作に登場する。

ドイツの作家フーケーの1811年の作品『ウンディーネ』には、魂を得たことで、善良になったウンディーネが登場する。

彼女の天衣無縫さに恋した騎士は、ウンディーネと結婚する。だが、魂を得ることで彼女は天衣無縫さを失い、騎士は元の婚約者ベルタルダに心惹かれる。ウンディーネは「魂って重い荷物なのね。それが近寄ってくるだけで、私には心配が、悲しみが見える。いつもの私は軽やかで楽しいのに、魂を感じるだけで不幸になる」と言う。

騎士を監視している水の精たちが不穏な動きをするので、ウンディーネは中庭の泉を大きな石でふさいでしまう。そして、騎士に、水辺で彼女に無礼な真似をすると、水の一族がウンディーネを水底に連れ戻してしまうこと、再び戻るときは彼を殺すときだということを明かす。

にもかかわらず、ベルタルダが川下りをしようとすると、彼らも同行する。そして、水の一族がいたずらでベルタルダの首飾りを奪い取ったとき、騎士は水の一族を罵倒し、そのような親族を持つウンディーネをも罵倒する。

約束が破れたため、ウンディーネは水底に戻される。

騎士は後悔したものの、やがてベルタルダと結婚することにする。夢の中でウンディーネは、泉をふさいでいる限り水の一族は来られないと、騎士に教える。だが、ベルタルダは結婚式の化粧をしようと、泉の蓋を開けてしまう。水柱とともに現れたウンディーネは、騎士の部屋へと向かい、水に包まれた騎士は死ぬ。ウンディーネは、「あの人を涙で殺しました」と言う。

騎士は葬られたが、その墓の周りをいつしか小川が囲んで流れるようになった。人々は、ウンディーネが恋人を抱いているのだと噂した。

魂を得た水の精霊

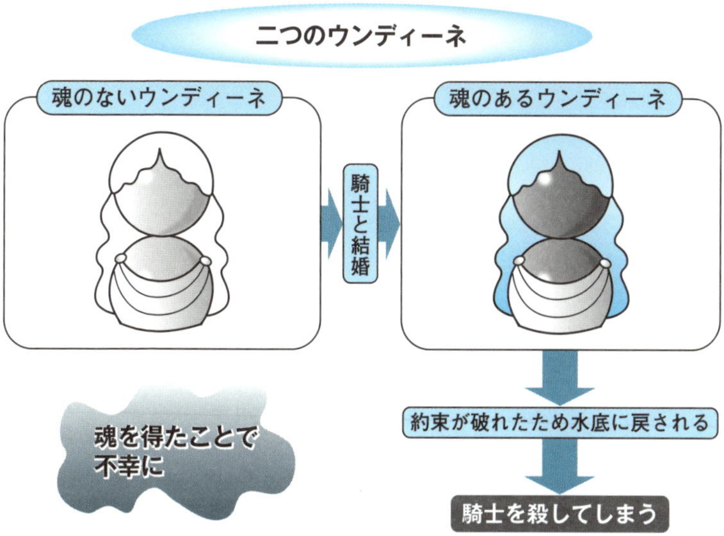

ジロドゥの『ウンディーネ』

1939年に、フーケーの『ウンディーネ』をもとに、戯曲が書かれた。

だが、このウンディーネは、かなりイメージが違うし、結末は全然違う。

まず、ウンディーネは読み書きも礼儀作法も知らない無垢な少女であり、騎士と結婚しても、その有り様は変化しない。彼女が魂を得たのかどうか、戯曲の中では明らかにされていないが、少なくとも魂を得ても、彼女の性質は変わらなかった。

また、騎士の心が元の婚約者ベルタに戻ったとき、彼女は自分が別の人間を愛し騎士を裏切ったとして、自分から水中に戻る。騎士を死から守るためである。

だが、彼女の芝居を見抜いた水の王は、彼女の姉妹たちがウンディーネの名を3回呼ぶとき、騎士は死に、ウンディーネは全てを忘れるだろうと告げる。そして、彼女を呼ぶ声が聞こえたとき、初めて騎士は妖精としてのウンディーネに向き合ったが、全ては遅く、騎士は死んで、ウンディーネは全てを忘れて水底へと去る。

関連項目
●ウンディーネ→No.004

No.006

ネレイス

Nereis

美しく、神秘の力持つ、海のニンフたち。彼女たちの多くは、それぞれ自分の神話を持っている。

●穏やかな海のニンフは、心も穏やか

ネレイスは、海の穏やかなエーゲ海に住む海のニンフたちだ。複数形ではネレイデスという。

ネレイスは、海の神ネレウスとその妻である海の女神ドリスとの間にできた子供で、女性ばかり50人いる（100人という説もある）。いずれも美貌の娘たちばかりで、**人魚**《にんぎょ》の姿をしているが、人間や海棲生物（アザラシやイルカなど）に変身することも可能だという。

その1人、プサマテは、人間のアイアコスに求婚されたが、それを嫌った。アイアコスが彼女の手を握ると、アザラシに変身しつつ逃れようとした。だが、アイアコスは決して手を離さず、ついにはプサマテも諦めて妻になることを承諾した。

ポセイドンの妻、アムピトリテもネレイスの1人だ。

だが、最も有名なネレイスはテティスだろう。テティスはその美貌で有名だったので、ゼウスもポセイドンも彼女を娶りたがった。だが、テティスの息子は必ず父より偉大になる運命であった。そのためゼウスは彼女を諦め、ごく普通の人間ペレウスの妻とした。

彼女の結婚式は盛大であったが、不和の女神エリスだけは招かれなかった。だが、エリスは現れ、「最も美しい女神に」と書かれたリンゴを置いていった。このリンゴを巡って、ゼウスの妻ヘラ、戦争の女神アテナ、美の女神アフロディテが争った。これが、ギリシャ神話最大の戦争であるトロイ戦争の原因となった。

そして、このトロイ戦争で、テティスの息子アキレスも死ぬのである。テティスは、（トロイ戦争で死ぬ運命にある）アキレスができる限りトロイ戦争に関わらずにすむよう策謀したが、神であろうとも運命には逆らえず、アキレスは死んだ。彼女は、息子の遺骨を黄金の鉢に入れて埋葬したという。

それぞれの神話を持つ海のニンフたち

ネレイス ― エーゲ海に住む海のニンフたち

↓

ネレイデス（複数形）

ポントス ＝ ガイア → ネレウス

オケアノス ＝ テテュス → ドリス

ネレウス ＝ ドリス

50人のネレイスたち

- いずれも美貌の娘たちばかり
- 人魚の姿をしている
- 人間や海棲生物（アザラシやイルカなど）に変身できる

プサマテ

人間のアイアコスに求婚される
▼
アザラシに変身して逃げる
▼
アイアコスが決して手を離さないので諦めて妻になった

アムピトリテ

ポセイドンの妻になった

最も有名なネレイス

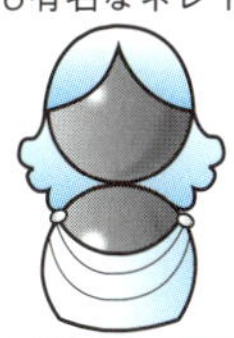

テティス

ゼウスもポセイドンも娶りたがった
▼
予言により普通の人間ペレウスの妻に
▼
結婚式で不和の女神エリスのリンゴを巡って3人の女神が争う
▼
トロイ戦争
▼
息子アキレスが死ぬ

関連項目
●人魚→No.019
●ポセイドン→No.044

No.007

アプサラス

Apsaras

美しき天界の乙女たち。世界の神話に見られる彼女たちは、当然のようにインド神話にも登場する。

●日本の天女や、北欧のワルキューレを思わせるインドの水の精

インド神話に登場する天界の水の精がアプサラスだ。『リグ・ヴェーダ』によると、雷神インドラの天界に住むという。アプサラスとは「水中や雲海を動くもの」という意味なので、インドラの眷属と考えられたのかもしれない（雷は雲を伴うものだから）。

全て女性で、天上界の踊り子ともいわれる美しい肢体を持つ。北欧のワルキューレのように、死せる勇士を天界に導く役目をすることもあれば、神々の命令で人々を誘惑することもある。彼らの伴侶は、半人半鳥のガンダルヴァだという。

彼女たちは、自由に姿を変えることもでき、特に白鳥の姿を好んで地上に降りてゆくこともある。そうしたアプサラスの中には、悲恋の伝説で有名なウルヴァシーのように、地上の男性の妻になったものもいる。

アプサラスの1人メーナー（メーナカーともいう）は、『リグ・ヴェーダ』第3巻の作者と言われる聖仙《リシ》ヴィシュヴァーミトラを誘惑したことで知られる。

ヴィシュヴァーミトラは、元々はクシャトリヤ（戦士階級）の出身で王だったが、バラモン（僧侶階級）の力の偉大さを知った。彼は、自ら王国を捨てて苦行を行い、ついにはバラモンの地位に達した。だが、そのあまりの激しい苦行に、彼の力が神々をも超えるのではないかと恐れたインドラが、アプサラスのメーナーを送って彼を誘惑させた。

メーナーの魅力に負けたヴィシュヴァーミトラは、ついには彼女と交わりシャクンタラーという娘を産ませてしまう。そして、彼の苦行の成果は失われた。

だが、メーナーの誘惑が神々の策略であったことを知った彼は、前にも増した苦行を行い、ついには聖仙にまで達したという。

天界の美女たち

アプサラス ― インド神話に登場する天界の水の精

代表的なアプサラス

ウルヴァシー

プルーラヴァス王という人間との悲恋で有名なアプサラス。王と恋に落ちたが、別れさせられ、王がガンダルヴァとなって添い遂げた

メーナー

聖仙（リシ）ヴィシュヴァーミトラを誘惑し、シャクンタラーという娘を産んだ

ティロッタマー

神々の敵アスラの兄弟を仲違いさせるために作られた超絶美女

マドゥラー

シヴァ神を誘惑したため、妻のパールヴァティーに呪われ蛙にされた

No.008

ニクシー

Nixie

ドイツにも、水の精は住んでいる。彼らは、男女で呼び名も違うが、中身もけっこう違う。

●ドイツの伝承に登場する水の精

男性はニクス、女性をニクシーという。こっそりと人里に現れることもあるが、一見では人間と区別が付かないので、ばれないのだという。

男性のニクスは、歯が緑色で、緑の帽子をかぶっているので、怪しい人物を見分けることもできる。だが、女性のニクシーは金髪で巻き毛の美しい女性なので、見分けることは困難である。ただ、水の精だけあって、衣類の裾が何時も濡れているので、かろうじて見分けることができる。とはいえ、夏場など、暑いので水の中に足を漬けたばかりの女性とでは、全く区別ができないのだが。

男性のニクスは、しばしば人間の女性を誘拐して、妻とする。

ここで矛盾する伝承がある。一つは、ニクスと人間の女性の間に生まれた子供は人間と変わらない姿をしているが、ニクスは赤ん坊を食べてしまうと言うものだ。ちなみに、ニクスとニクシーとの間の赤ん坊は生まれたときは毛むくじゃらなので、分かるという。

もう一つは、ニクスはしばしば助産婦を誘拐するが、これは妻の出産の手伝いをさせるためだというものだ。ニクスは、助産婦には礼儀正しく、きちんと謝礼を支払ってくれるが、あまりに欲深いとしっぺ返しをくらうこともある。

彼らの住居は水中にあり、豪華な屋敷だという。ニクシーたちと友達になった人間は、稀にこの館に招待されることもある。

ニクシーは美しい姿と美しい歌声を持ち、美しい歌声で誘ったり、水面で華麗に踊ったりして、歌や踊りで美しい若者を水中に引きずり込む。こうなった若者は、溺れ死ぬというから、**セイレーン**のような力も持つ。

彼らの館には、水死者の魂を入れておく壷もあるというから、彼らは天国に行くこともできずに、永遠に水中に止められてしまう。

ドイツに住む男女の水の精

男女で呼び名が違い、一見では人間と区別がつかない

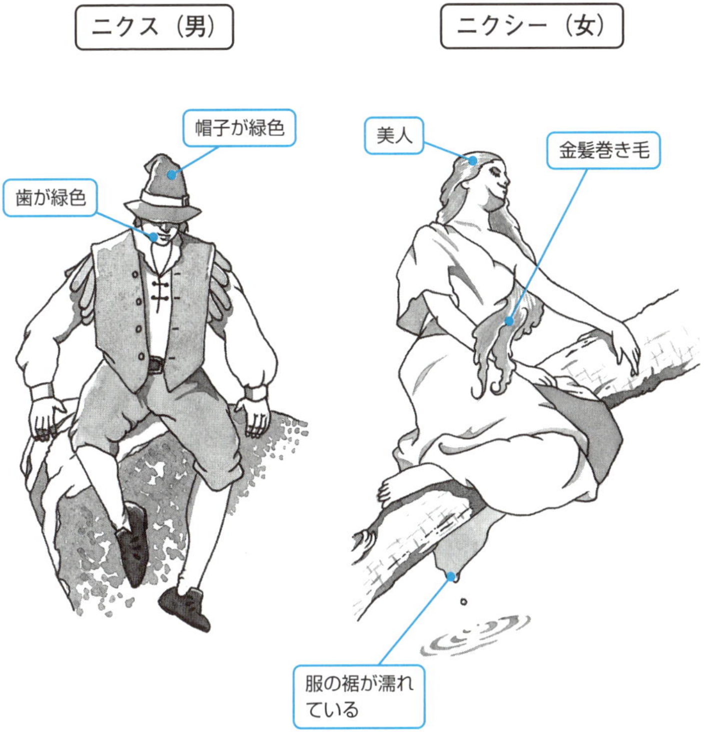

ニクスの悪行

- 人間の女性を誘拐して妻にする
- 生まれた子供を食べてしまう

ニクシーの悪行

- 歌声などで若い男を水中に引きずり込む
- 水死者の魂を壺に入れて昇天させない

関連項目

●セイレーン→No.028

No.009

ルサルカ

Rusalka

不気味な怪物と、甘美なる罠。対称的な姿ではあるが、人の命を奪う、恐るべき妖怪たちであることに変わりはない。

●人をとり殺す恐るべき女たち

ロシアや東欧に住むスラブ民族の神話に登場する水妖。若い女性が、水の事故で溺れ死ぬと、ルサルカになるという。これは、あらゆるスラブ民族において共通だ。けれどその姿は、南方（ドナウ川やドニエプル川の流域）と、北方では対照的だ。

南方のルサルカ（ヴィーラと呼ばれることも多い）は、美しくて魅力的な女性たちだ。多少肌は青白いものの、それですら月の光に似た冴え渡った美しさに見えてくる。そして、軽やかな霧の衣に身を包み、男たちを引きつける妙なる歌声を持つ。彼女たちは、その姿と声で男たちを魅了して、水中に引き込み、快楽のうちに死をもたらす。

ところが、北方のルサルカは髪を振り乱し、邪悪な緑の目を持った恐ろしい生き物だ。その肌は、水死人のように青ざめ、素っ裸だ。彼女たちは、夜に水辺を歩く不注意な人々をその手で引っ掴んで、水中に無理矢理引きずり込む。そして、溺死の苦しさをたっぷり味わわせて殺す。

伝説では、ルサルカは、水中と水上の二重生活をする。冬場のルサルカは、水中で暮らしている。ところが、初夏になると（正確にはルサルカの週になると）彼女たちは森に移り住み、柳や白樺に登ってそこに住み着く。そして、夜になると、木の枝を揺らして遊んだり、森の中の空き地で踊り回ったりして、暮らす。南方では、ルサルカが踊った土地は、草が良く生え、麦の実りも良くなるという。

ただし、彼女たちはいたずら者でもある。水車に飛び乗って回らなくしたり、石臼を割ってしまったり、土手を崩したり、布や糸を盗んだりもする。また雨を降らす能力も持っており、土地を土砂降りにしてしまうこともある。

彼女たちのいたずらから身を守るのは、割と簡単だ。手に「呪われた草」とも呼ばれるニガヨモギの葉を握っておくだけでよい。

二つのルサルカ

ルサルカ ― スラブ民族の神話に登場する水妖

↓

若い女性が水の事故で死ぬと、ルサルカになる

↓

その姿は、南方と北方とでは対称的

南ロシアのルサルカ

美しくて魅力的な女性

対照的

北ロシアのルサルカ

邪悪な恐ろしい生き物

ドヴォルザークのルサルカ

ルサルカと言えば、ドヴォルザークのオペラ『ルサルカ』が有名だ。

この物語は、筋立ては人魚姫に似ているが、そのテーマは大分違う。

ルサルカ（本作では水の妖精）は人間の王子に恋し、魔法使いの婆さんに頼む。魔法使いは、声と引き替えにルサルカを人間にしてくれる。しかし、恋人がルサルカを裏切るなら、2人とも水底に沈むことになると警告される。美しいルサルカを見た王子は城に連れて帰るが、話さないルサルカに王子は飽き、外国の王女をくどく。水の精の爺さんは、ルサルカを水の中に連れ去る。

森に戻ったルサルカは、男の血があれば妖精に戻れると短剣を渡されるが、未だに王子を愛するルサルカは短剣を捨てる。城の森番が魔法使いを訪ねてきて、ルサルカが消えて王子が病気だとルサルカの不実を責めるが、水の精の爺さんが、不実は王子のほうだと責め森番は逃げる。夜、森に王子が現れてルサルカに許しを請う。ルサルカは自分にキスすれば王子の命はないと警告するが、王子はそれでもキスをする。ルサルカは、王子の遺骸とともに湖に沈んでいく。

関連項目

●ヴォジャノーイ→No.010

No.010

ヴォジャノーイ

Vodyanoy

ヴォジャノーイは、男だけの水の精霊だ。水だけあって、その姿を様々に変えることができる。

●悪意ある精霊

ロシアや東欧の水の精霊がヴォジャノーイだ。そもそもロシア語で、水のことをヴォダーといい、ヴォジャノーイとは、直訳しても「水の精」だ。

ルサルカの夫だというからには、男なのだろう。川や湖に住み、特に水門や水車の近くを好むという。時には、水の流れを制御する水車を嫌って、水車のある土手ごと水車小屋を崩してしまうことすらあるという。

その姿は、千変万化で、定説はない。もしかしたら、同じヴォジャノーイが変身しているのかもしれない。異常に長い指で、動物の脚、長い角に1本の尻尾を持った男の姿をすることもある。また、大きな赤い目と長い鼻の巨人のときもある。緑の髪と髭の老人の場合もある。さらには、髭を生やした巨大な蛙だともいう。男のはずなのに、裸女の姿で髪をくしけずっていることすらあるという。また、全身を苔で覆われた巨大な魚という不気味な姿だともいうし、水面すれすれに飛ぶ小さな羽を持った木の幹だという話すらある。

ヴォジャノーイは不死だが、不老ではない。月の満ち欠けとともに、年老いたり若返ったりする。満月のときに最も若く、力強い存在となる。

ヴォジャノーイは、残念ながら人間に好意的ではない。不注意な人間を見つけると、水中に引きずり込んで溺れさせてしまう恐ろしい存在だ。こうして溺れ死んだ人間は、天国に行くこともできず、ヴォジャノーイの王国の奴隷として、永遠に彼らに仕えていなければならない。王国は、沈没船から得た金銀財宝で埋まり、光り輝く魔法の石によって明るい水晶の宮殿だという。

昼間は、彼らは自分の宮殿に潜んでいるが、夕方からは水辺近くに現れ、夕刻を過ぎても水浴びをするような不注意な人間を探している。昔は、水車番の粉挽きたちが、水車小屋をヴォジャノーイから守るために、身代わりに夕刻に通りすがった旅人を水中に放り込むことすらあったという。

ヴォジャノーイの様々な姿

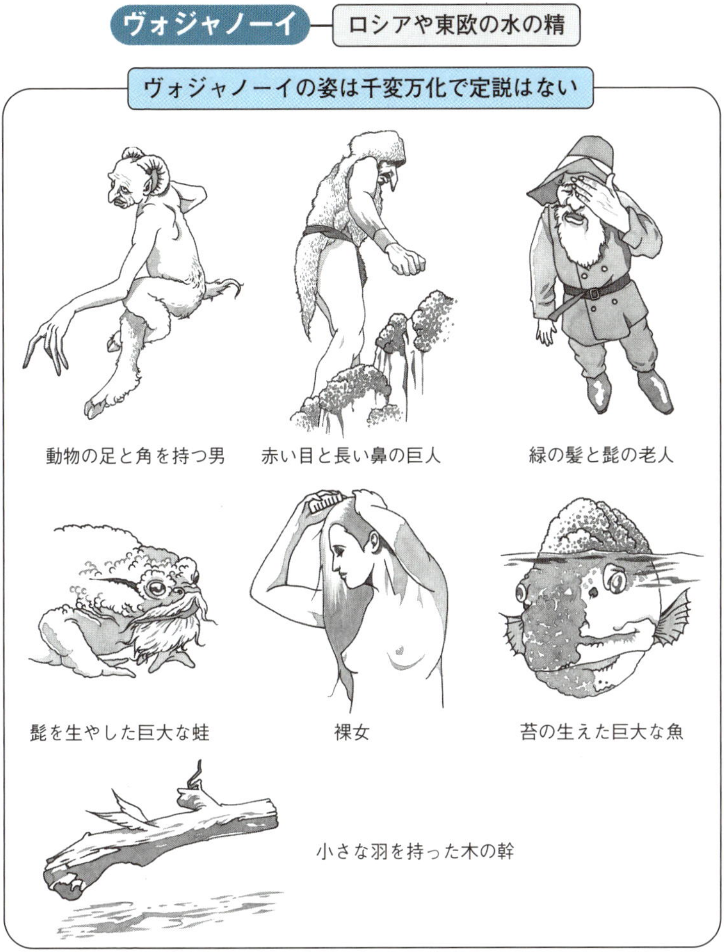

ロシア軍の水陸両用車GAZ-3937は、愛称がヴォジャノーイという。最大10人まで乗せて、整地なら時速112kmで走ることができる（水上速度は時速4～5km）。水の中でも平気な車として、水の精の名前が与えられたのだろう。

関連項目

●ルサルカ→No.009

No.011

グラゲーズ・アンヌーン

Gwragedd Annwn

ウェールズの妖精は醜く恐ろしいものが多いと言うが、湖の妖精だけは、美しく優しいとされる。

●人間の妻になった妖精

イギリスのウェールズ地方の湖水に住むという妖精の種族。

ウェールズ地方には、美しい湖の乙女の伝説が多く残り、人間と結婚する伝承も数多くある。

昔、ヴァン湖の近くに寡婦が一人息子と住んでいた。息子は、毎日ヴァン湖に牛を放牧に来ていた。ある日、彼は、湖の水面に金髪の美しい女性を見て、即座に心奪われた。食事中だった彼は、手にパンを持ったまま女性を手招いたが、彼女は「あなたのパンは硬く焼きすぎている」と水中に消えてしまった。翌日、彼は焼かないパンを持って行ったが、今度は軟らかすぎると言われた。さらに翌日、軽く焼いたパンを持って行くと、水中から、威厳のある老人と、そっくりな2人の娘が現れた。

老人は、息子がどちらの娘に求婚したのかを正解すれば、娘を嫁にやろうと言う。あまりにそっくりなので、息子は困惑したが、その時片方の娘がかすかに足を動かし、その時に見覚えのあるサンダルのひもが見えたので、正解することができた。老人は、娘に持参金として多くの牛を付けてやったが、その時、「妻には優しくすること。理由もなく妻を3回叩いたら、妻も持参金の牛も消える」と警告した。

息子と娘は結婚し、幸せに暮らし、3人の息子も授かった。だが、妻は妖精だけあって、時々奇妙な振る舞いをした。めでたい結婚式で泣き出したり、子供の葬式で笑って歌い出したりする。このため、夫はとうとう3回正当な理由なく妻を（ほんの軽くではあったが）叩いてしまう。

そうして、妻は消え、牛もその牛が生んだ子牛も、殺して吊ってあった肉まで消えてしまった。しかし、さすがに3人の息子のことを妖精は忘れず、何度か息子のところを訪れて、様々な薬草の秘伝を伝えてやった。こうして、息子たちはその地方の名医として知られるようになった。

人間と結婚した湖の妖精

グラゲーズ・アンヌーン ― ウェールズ地方の湖水に住む妖精

人間と結婚 ▶ 世界中の多くの民話にある

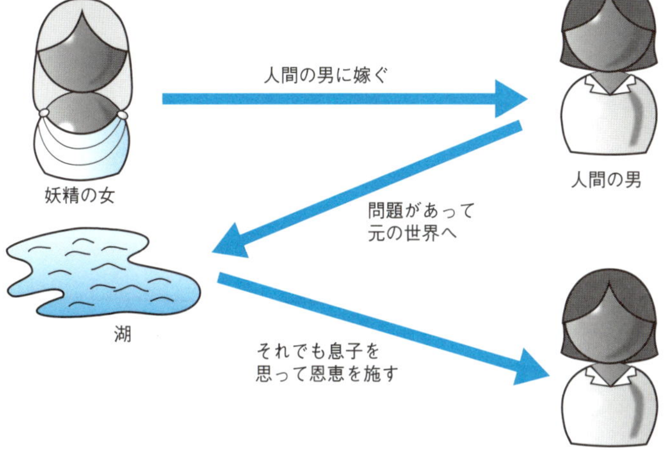

ウェールズ地方

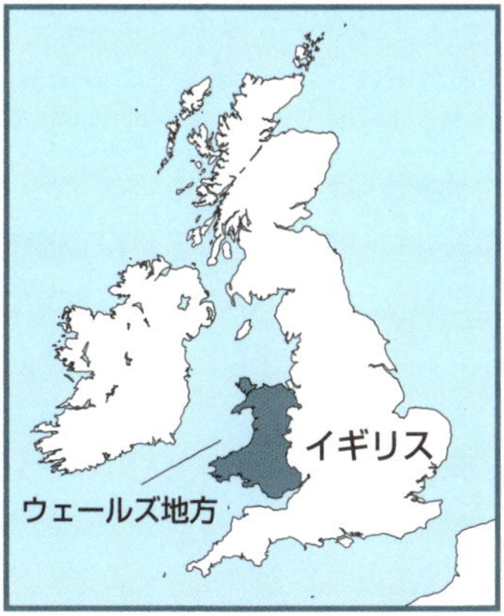

　ウェールズは、本来はイギリスとは別の国で、言語もウェールズ語という別の言葉を使う。現在でも、イギリスの正式名称は「グレートブリテンおよび北部アイルランド連合王国」であり、その連合王国を構成する公国の一つがウェールズ公国である。国旗も国歌も、イギリスのものとは別に存在する。イギリス国王の王太子が、プリンス・オブ・ウェールズ（ウェールズ大公）として戴冠するのが慣例となっている。

ウェールズの国旗▶

No.012

湖の貴婦人

Dame de Lac

ヴィヴィアン、エレイン、ニミュエなど多くの名を持つ湖に住む妖精。もしかしたら、何人もいたのかもしれない。

●矛盾する多くのエピソードを持つ

アーサー王伝説に登場する湖に住む妖精。

アーサーは、岩に刺さった剣（抜いたものはイングランドの王となるという予言があった）を抜き、王となった。この剣をカリバーンという。

だが、アーサーは、怒りのあまり後ろから人に斬りかかるという騎士道に反する行いをしてしまい、剣は折れてしまう。

そこで、魔法使いマーリンは、アーサーのために、湖の貴婦人から新たなる剣エクスカリバーを得る（カリバーンを鍛え直し、エクス＝カリバーンとしたという説もある）。

また、アーサー王の円卓の騎士ランスロット卿を養育したのも、湖の貴婦人である。このため、ランスロットは「湖の騎士」と呼ばれた。

さらには、アーサーに仕えた魔法使いマーリンの恋人も湖の貴婦人である。彼女は、マーリンに魔法の奥義を全て学ぶと、空中楼閣を造り、そこにマーリンを閉じ込めてしまう。他の者に魔法の技が伝わるのを嫌ったためとも、マーリンが他の女に目移りするのを嫌ったためともいう。ただ、このことによって、マーリンを失ったアーサー王の力は弱まってしまう。

また、円卓の騎士の1人ペレアス卿の恋人も湖の貴婦人である。同じ円卓の騎士であるガウェイン卿に恋人を奪われ、怒りと悲しみのあまり放浪していたペレアスに、彼女は恋をした。彼女は、恋人が傷つかないように、ランスロット卿と同じ側でない限り槍試合にたどり着けないなどの魔法をかけた。多くの円卓の騎士は、アーサー王とともに死んだり傷ついたりしたが、ペレアス卿だけは、彼女の加護により安らかな最期を迎えることができたという。

このように、アーサー王伝説のあちこちに顔を出し、しかも、それぞれ矛盾しているエピソードを持つ。もしかしたら、何人もの湖の貴婦人がいて、それぞれのエピソードは別人と考えた方がよいのかもしれない。

多くの名を持つ謎の妖精

湖の貴婦人とは？

↓

アーサー王伝説に登場する湖に住む妖精

↓

伝説のあちこちに登場し、矛盾したエピソードを持つ

↓

もしかしたら何人もいた？

湖の貴婦人のエピソード

多くの名前とエピソードを持つ

ダーム・デュ・ラック
ランスロットの養い親

ニミュエ
マーリンの恋人

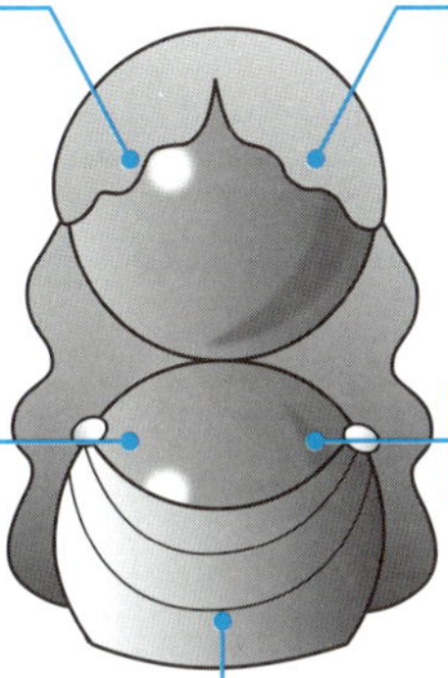

ヴィヴィアン
アーサー王にエクスカリバーを渡す

ヴィヴィアン
サー・ペレアスの恋人

湖の乙女
サー・ベイリンの母を殺し、ベイリン卿に殺される

どう見ても1人ではない ➡ ~~個人の名称~~

これら複数の人物をまとめて呼ぶときの総称？

No.013

グレンデル

Grendel

中世イギリスで広く歌われた『ベーオウルフ』の強敵は、沼地の怪物グレンデルである。

●沼に住む怪物

8～9世紀に古英語で書かれた英雄叙事詩『ベーオウルフ』は、前後篇の2部に分かれた物語だ。前半は青年のベーオウルフの活躍を、後半は晩年のベーオウルフの活躍を描いている。グレンデルは、前半の敵として登場する敵の名前で、沼地に住む怪物だ。

巨人だとも、ドラゴンだとも、水妖だともいわれ、その姿は今ひとつ定かでない。カイン（『旧約聖書』に登場するアダムの息子で、弟を殺して人類初の人殺しとなり、また神に弟のことを聞かれたとき嘘をついて人類初の嘘つきとなった人物）の末裔だという話もある。

デネ（デンマーク）の王フローズガールは、自らの王宮であるヘオロット（牡鹿）城を建設した。だが、それはグレンデルの住処の近くだった。毎夜の饗宴をうるさく思ったグレンデルは、眠っている30人の武者を掴みとり、住処へと持ち帰った。その後も、毎晩城に忍び込んで、城の者を食い殺していった。

城の人々は、恐れながらも、何一つあらがう術のないまま、12年が過ぎた。

ベーオウルフは、王の甥にあたる30人力の英雄だ。城の人々を食う化け物の話を聞いて、叔父の城にやってきた。そして、グレンデルを迎え撃つべく、警護を始めた。

だが、グレンデルは、警備に立っていた兵士を密かに殺し、ベーオウルフが武器を持っていない隙に躍りかかった。だが、素手でも、ベーオウルフは強かった。怪物と格闘し、ついにはその片腕をもぎ取ってしまう。

グレンデルはその場から逃げ出し、母親にやられたことを告げる。グレンデルより恐ろしい怪物であった母親は、息子の仇を討たんとベーオウルフを襲ったが、返り討ちに遭う。そして、グレンデルも、自分の住処に追い詰められ、ついには首を刎ねられてしまう。

沼地の怪物グレンデル

グレンデル ― 英雄ベーオウルフの敵として登場した沼地に住む怪物

グレンデルの特徴

- 目は炎に似た気味悪い光
- ベーオウルフと組み討ちができる大きさ
- いかなる鋼もグレンデルには触れられない

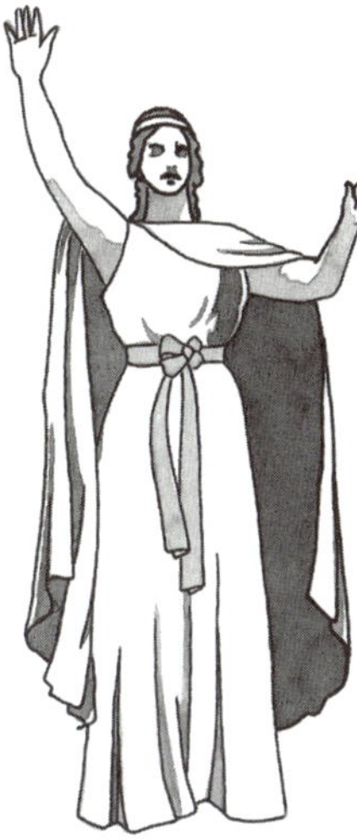

グレンデルの母

- 外見はグレンデルほど強そうではない
- だが、グレンデルかそれ以上に強い
- ただし、剣は通じる

その後のベーオウルフ

その後、ベーオウルフはゲーアタスの王となり、平穏な治世を行う。

だが、彼が老境に達したとき、火を吐くドラゴンが彼の国を襲う。彼は巨大な鉄の盾を作り、炎を防ぎながらドラゴンと戦い、相打ちではあるがドラゴンを倒すことに成功する。

こうして、ベーオウルフは死に、その叙事詩も幕を閉じることとなる。

No.014

アザラシ乙女

Seal Maidens

イギリスおよびその周辺には、アザラシ人間の伝説がある。彼らは、人間の姿をし、アザラシの皮をまとっている。

●イギリスのアザラシ人間たち

古代ヨーロッパのケルト人の伝説によれば、アザラシは人間なのだ。

彼らは、海に住む妖精族で、アザラシの姿をしている。けれども、アザラシの皮を脱ぐと、その中は美しい乙女の姿である。

彼らは、心優しき種族で、稀に人間の花嫁となることもある。指の間に角質状の水かきのある家系（指の間が少しつながっている人々は存在する）は、このアザラシ乙女を先祖に持つのだ。

アザラシ乙女の物語は、我々日本人には、近しいものだ。

1人の漁師が、ある日美しい乙女たちが浜辺で踊っているのを目にした。彼がそっと近づいてみると、浜辺の石の上に、アザラシの皮がかけてあるのを見つけた。漁師は、その皮の1枚を隠してしまう。

漁師の姿を見た乙女たちは、大慌てでアザラシの皮を被って、海に飛び込んだ。だが、皮が見つからない1人の乙女だけが取り残される。

乙女は漁師に皮を返してくれるよう懇願するが、漁師は聞き入れず、逆に結婚してくれと言われる。アザラシ乙女は泣く泣く漁師の妻となる。

妻となった乙女は、家庭的で良い妻であった。だが、ある日、隠されていた皮を発見すると、即座に浜辺に行き、海へと帰ってしまう。

日本の天女の羽衣と同じ話が、世界の反対側にも存在するとは、とても不思議なことだ。

スコットランドでは、彼らはローンと呼ばれる。彼らは優しい人々で、自分たちを狩る漁師にすら、恨みを持たない。

アザラシを狩る漁師が、ローンのもとに招かれ、狩りに失敗して逃げられたアザラシ（当然傷ついている）の治療（傷は、傷つけた者が治療しないと治らないという伝説がある）を頼まれたことすらある。このときも、漁師は、今後はアザラシを狩らないという約束とともに、金貨を与えられた。

アザラシ乙女の物語

アザラシ乙女 ― ケルト人の伝説に登場する海に住む妖精族

スコットランドでは **ローン** と呼ばれる

◆ セルキー

イギリスの島々には、セルキーというアザラシ人間の伝説が残る。セルキーの男は好色で、人間の女を口説こうとする。人間の女の中にも、自分の夫に不満で、セルキーをベッドに引き込み、さらにはセルキーの子供を次々と産むという豪傑もいる。こうして、セルキーの血を引く家系ができる。彼らは、手足に水かきがあるという。

No.015

ニェネ

Nyene

アフリカの漁労民ボゾ族の神話で、ボゾ族がニジェール川で漁をできるようにしてくれた経緯を伝えている。

●白い肌の水の精霊

アフリカ、マリ共和国のニジェール川沿いに住む漁労民ボゾ族の神話に登場する水の精霊。彼らは、神がニジェール川を造ったとき、同時に作られた存在である。

彼らは、常に水の中で人の目に触れないようにして暮らし、水の中にいさえすれば、飢えることも病気になることもない。また、水に棲む生き物たちは、全てニェネの命に服する。

彼らは、男女長幼の差があるが、いずれもその肌は抜けるように白く、長い黒髪の、とても美しい姿をしているという。滅多に人前に姿を現すことはないが、人間に何らかの予言や知恵を与えてくれるときだけ、その姿を現すことがある。

彼らは基本的には善き存在だが、よそ者や禁忌を犯したものには危険な存在となり、船を沈めたり、カバやワニに襲わせたりすることもある。

ボゾ族がニジェール川流域に住み着き、そこで漁を行おうとしたとき、まず彼らニェネの許可を得る必要があった。

最初に住み着いたボゾ族が漁をしていると、水の中から顔を出し、「誰の許しを得て漁をしているのだ」と詰問するものがいた。そして、「この場所は私のものだ。だから私の魚をそんな風にとってはならない」と言った。

だが、話し合いをした結果、彼らは互いに嫌わず、ニジェール川の外と中で暮らすことに同意した。

その後で、別の者が現れ、その川を自分のものだと主張した。だが、ボゾ族の男は、「いいや、本当の主人は水の中にいる」と答えた。そして、この争いは王のもとに持ちこまれ、ボゾ族が正しいことが認められた。

この最初のボゾ族の男、およびその子孫の一族をノニャンといい、その長老を「水の主」という。

ボゾ族の神話に登場する美神

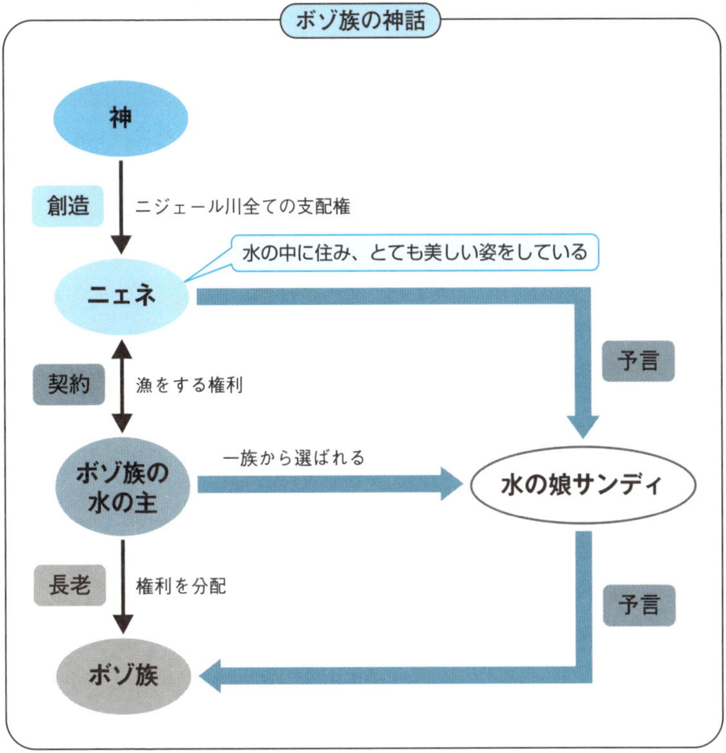

◆水の娘

水の主の一族の1人の女性が選ばれて、水の娘サンディとなる。彼女が生まれる前、親の夢に水の精霊が現れ、その子が水の娘となることを予言する。そして、娘のうちに、一時水の中で暮らしてから村に戻ってくる。それによって彼女は聖別される。

彼女は水の精霊から予言を聞き、また起こった事件の真の原因を教えられるなど、水の精霊の巫女として働く。

その代わり、彼女は村から出ることもできないし、結婚はできるがそれは一族の者とだけである。

No.016

ノンモ

Nonmo

ドゴン族の精霊ノンモは、唯一神が去った後の世界を造った。我々の世界の創造者である。

●双子の精霊

アフリカ、マリ共和国に住むドゴン族に伝わる双子の精霊。ドゴン族においては、完全なものは一対になっているとされる。

唯一神アンマは、大地と交わり長子ユルグを生ませた。だが、1人で生まれたため、完全に憧れたユルグは、母である大地と交わるという反逆を行った。このため、大地は不浄となり、アンマは大地を離れることになった。だが、アンマの創造を受け継ぎ、人間その他のものを創り出したのが、ユルグの次に生まれたノンモである（彼らは男女一対で生まれた）。

彼らは、上半身が人間で、下半身が蛇、赤い目をしており、舌は蛇のように二股に分かれている。そして、腕はしなやかで関節がない。全身が緑色で、すべすべしており、短い緑の毛で覆われている。

彼らの力の源泉は水であり、その力は水の力そのものだ。大地をこね上げたのも水の力だし、生命の源である血も水だ。あらゆるものに湿り気があるように、あらゆるものに水の力は及ぶ。彼らの言葉も湯気であり、水の力を持つ。

彼らノンモは、不浄となった母の性器である蟻塚に入り、そこを清浄にした。さすがに、アンマに対しては大地は不浄のままだったが（そこまで清浄にする能力は、ノンモにはなかった）、生命をはぐくむ大地としては十分に清浄になったのだ。そして、男のノンモは、そこで男性器になり、女性のノンモは大地の子宮の代わりとなった。こうして、大地は再び創造を続けることができるようになったのだ。

ちなみに、ノンモは、この最初の2人だけではない。その後、生まれた最初の8人の人間も、ノンモになった。つまり、ノンモとは、ドゴンの精霊であって、個人名ではない。ただ、最初の双子の精霊は、全ての年長者であり、特別な敬意を払われるべき存在ではある。

唯一神と大地の子

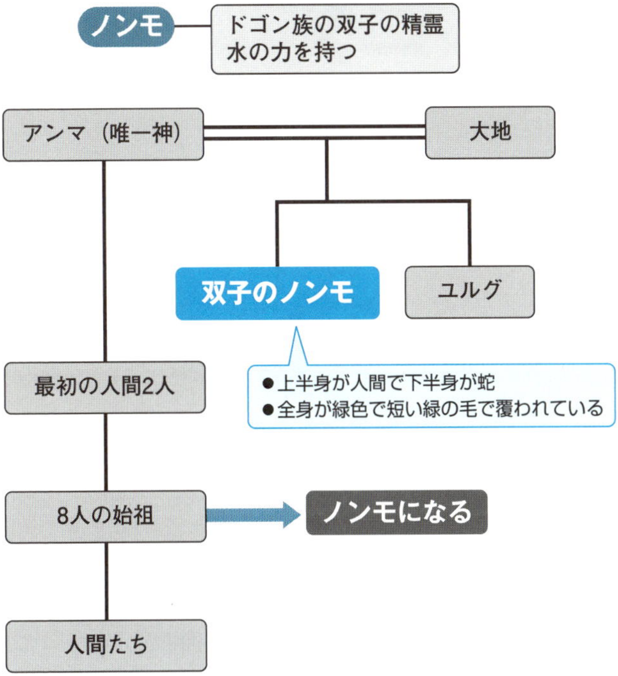

世界の創造者　双子のノンモ

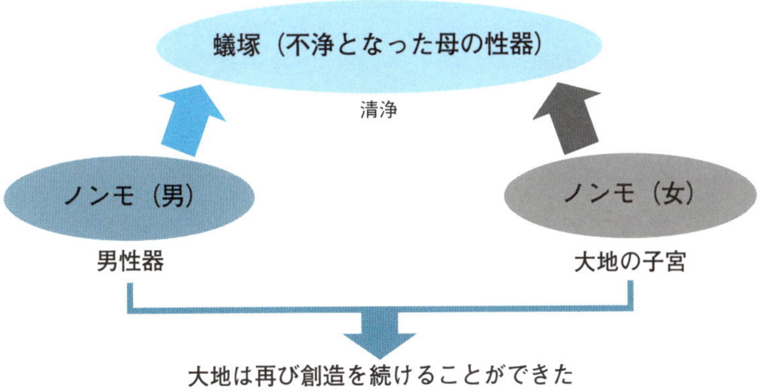

No.017

ヴァンニク

Vannik

ロシアは寒い地方なので、風呂は何よりのごちそうだ。そして、そこを守る精霊も存在する。

●風呂の好きな爺さん

スラブ神話における浴槽の精霊。

中世ロシアでは、浴槽は家屋の中にはなく、イズバ（丸太小屋）の近くに小さな小屋（バンヤという）を造って、そこで入浴した（風呂というよりも、一種のサウナのようなものだった）。ヴァンニクは、その入浴小屋に住む精霊である。

入浴しに3人が浴室に入ると、4人目として入ってくるのがヴァンニクであるという。滅多にその姿を現すことはないが、ごく稀に、湯気の向こうに人の姿を見ることができる。それがヴァンニクである。本来の姿は、白髪と白髭の小さな老人だが、変身して家族の誰かの姿を取っていることもあり、それと知るのは難しい。

人は、自分たちが入った後にヴァンニクが利用できるようにと、浴槽に湯を残して上がらなければならない。他に、石けんやら、モミの枝（ブラシ代わりに身体を叩いたりこすったりして刺激する）なども残しておくと、さらによい。そうすると、ヴァンニクは、森の精霊や悪魔たちを入浴に招待する。

だが、この時のヴァンニクを邪魔してはならない。もし、彼が身体を洗っている最中に浴槽小屋に入っていくと、怒ったヴァンニクは熱い湯を浴びせかけたり、さらには首を絞めたりすることもある。

このヴァンニク、実は未来を知る力を持つ。

ヴァンニクに、未来を問いたければ、入浴小屋の扉を少しだけ開けて入っていることだ。そして、その扉の隙間から裸の背中が見えるようにしていること。

もしも、ヴァンニクが掌でそっと背中に触れたなら、その人には幸運が訪れる。しかし、ヴァンニクが爪で背中をつつくようなら、その人はきっと不幸になるのだ。

お風呂を守る風呂好きの妖精

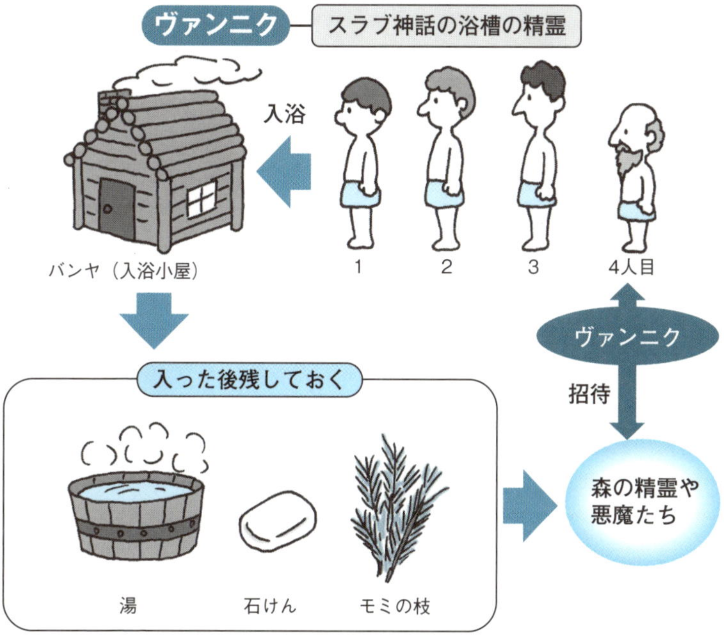

邪魔をすると
- → 熱い湯を浴びせる
- → 首を絞める

未来を知る力を持つ

入浴小屋の扉を少しだけ開けて入る
隙間から裸の背中が見えるようにする

- 掌でそっと背中に触れたら → **幸運が訪れる**
- 爪で背中をつつくと → **不幸になる**

No.018

冷泉院《れいぜんいん》の水の精《たま》

Reizen–in no mizunotama

精霊は、西洋だけのものではない。日本にも、パラケルススの精霊を彷彿とさせる存在がいたらしい。

●日本の水の精

『今昔物語集《こんじゃくものがたりしゅう》』第二十七巻第五話に以下のような話がある。

昔、上皇が住んでいたところの西の対（西の館）で人が寝ていると、身長3尺（90cm）くらいの老人がやってきて、寝ている人の顔を触る。その人は怪しく思ったが、恐ろしくて動けなかった。老人は、池のそばに行くと、かき消すように消えた。池は、何年も掃除しておらず草ぼうぼうなので、大変恐ろしく感じた。

そこで、勇敢な者が縄を手にして、代わりに寝たふりをした。途中でうとうとと眠ってしまったが、顔に冷たいものが触って目が覚めた。これだと思って飛び起きて、縄でがんじがらめに縛り付けた。

そうしておいて、人を呼んで見てみると、浅黄色の裃《かみしも》を着た身長3尺ほどの小さな老人だ。目をしばたたいて弱っているように見える。人々が尋問しても何も答えなかったが、しばらくして蚊の鳴くような声で「タライに水を汲んでください」と言う。

そうかということで、タライに水を汲んで、老人の前に置いてやると、老人はタライに向かいその水を見ながら、「我は水の精《たま》ぞ」といい、縛られたままでタライに飛び込んだ。

すると、老人の姿が消えている。だが、水の量が増えていて、タライから水がこぼれてしまう。そして、老人を縛っていた縄は、縛り目もそのままに水の中にあった。老人は、水と化して消えたとしか思えない。

人々は、これを見て驚き怪しんだ。そして、タライの水をこぼさないように、池に戻した。その後は、老人が現れることはなかったという。

これは、水の精は、本体は水そのものであること、また、（小さいながらも）人間の姿になることができること、さらに、水の外に長くいると弱ってくること等が伺われる話である。

日本にもあった精霊の伝説

『今昔物語集』の水の精

- 水から現れる
- 浅黄色の裃（かみしも）
- 身長3尺（90cm）
- 小さな老人
- タライに水を汲んでください
- 捕まるとタライに水を欲しがる
- タライに飛び込む
- 水になる

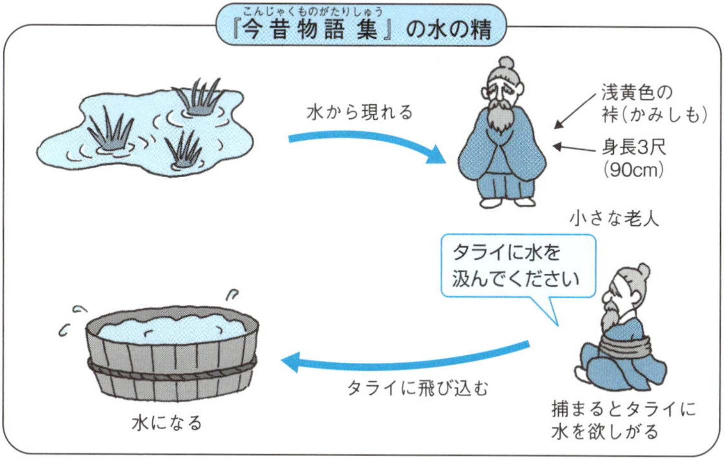

冷泉院

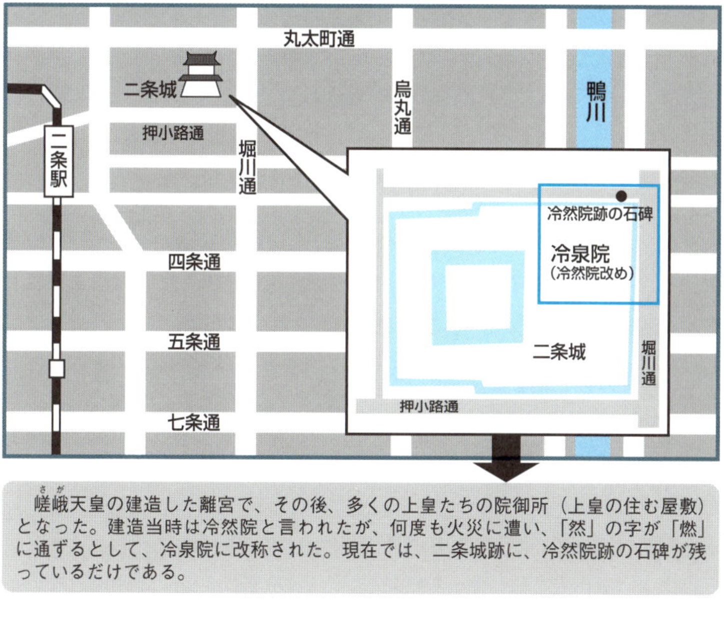

嵯峨《さが》天皇の建造した離宮で、その後、多くの上皇たちの院御所（上皇の住む屋敷）となった。建造当時は冷然院と言われたが、何度も火災に遭い、「然」の字が「燃」に通ずるとして、冷泉院に改称された。現在では、二条城跡に、冷然院跡の石碑が残っているだけである。

No.019

人魚《にんぎょ》

Mermaid

海の水妖といえば、最も有名なのが人魚だ。だが、人魚は、その美しさに比して、不吉な伝承が多い。

●海に棲む者

半分人、半分魚とされる人魚は、世界中にその伝説が広がっている。

英語では、マーメイドという。ただしこれは女の人魚で、男の人魚はマーマンというが、滅多に伝説にも登場しない。

西洋の人魚といえば、上半身が人間で腰から下が魚である美女と相場が決まっている。だが、古い人魚には、脚のように二股の尾を持つ姿で描かれることもあった。ギリシャ神話のトリトンなどは、そのような姿で描かれる。

古代の人間は、どんなところにも、そこに適した人間（？）が住んでいると信じていた。だから、山の人とか、雪人とかと同様に、海の人として人魚が現れた。その登場は古く、紀元前1000年ごろのアッシリアの神話には、女神アタルガティスが、上半身人間で下半身魚の人魚の姿を取ることがある。「人魚」として登場する古い記録なら、『アイルランド王国年代記』に、上半身が乙女で下半身は魚のメロー（アイルランドの人魚）についての記録がある。この本の出版自体は17世紀のものなので、本自体としては新しいのだが、伝説はもっと古いものの収録である。

メローには、男もいるが、男のメローは醜いのだという。そこで、女のメローは、人間の男を海に引きずり込むのだともいわれている。また、陸に上がって、人間の男と結婚したメローの話も残っている。

人魚は、海に棲むとは限らない。河の人魚として有名なのが、ローレライだ。ローレライは、本来は、ドイツにあるライン川が大きく曲がっている箇所の内側に聳え立つ岩山である。このあたりは流れが速く、川底からいくつも岩が突き出ていて浅瀬になっており、ライン川の難所の一つである。そこで、人々は、ローレライの岩山に人魚が座り、歌を歌う。その歌声に魅入られた船員は、操船を誤り川に沈むと伝えた。

似たような伝説を持つ**セイレーン**も、人魚の一種といえるかもしれない。

世界中に伝説がある海の水妖

人魚 ― 半分人、半分魚の水妖

人魚の姿

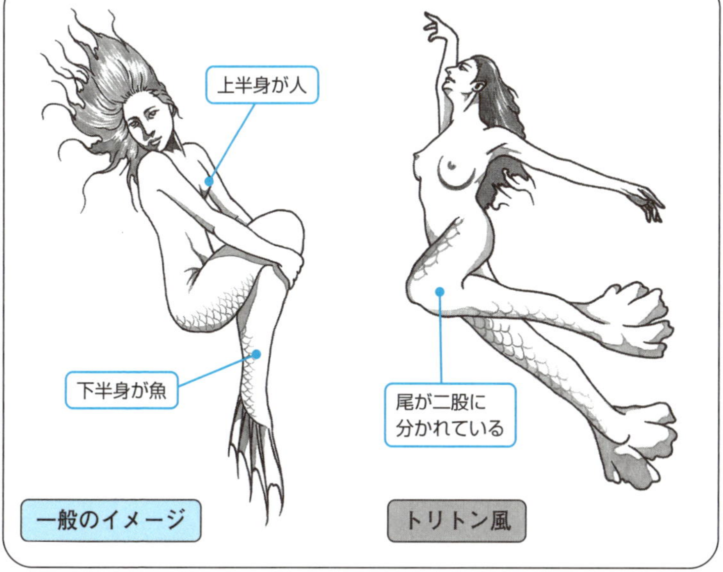

ローレライの岩山

↓

ライン川の難所

↓

よく船が沈む

↓

人魚が船を沈めるという伝説が生まれた

関連項目

●セイレーン→No.028

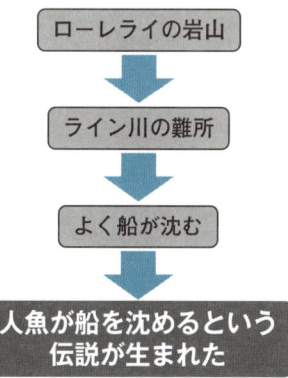

No.020

人魚《にんぎょ》（東洋）

Ningyo

東洋にも、人に似た魚の伝説は広く分布している。けれども、東洋の人魚は、西洋のそれほど美しくない。

●怪物としての人魚

東洋にも、人魚の伝説がある。というより、元から「人魚」という言葉は東洋にあったのだ。それが、マーメイドという外国語を翻訳するとき、よく似た「人魚」という言葉を使ったというのが正解だ。

では、人魚とはいかなるものか。

中国の『山海経《せんがいきょう》』の「北山経」には、サンショウウオのような姿で、四つ足、赤ん坊のような声で泣く人魚が登場する。西洋の人魚とは似ても似つかぬ姿である。この人魚を食うと、痴呆にならないという。

また、同じく「海内南経」には、氏人国《ていじんこく》という、上半身が人間で下半身が魚の人が住む国が紹介されている。

また、「海内北経」には、魚に手足が生え、顔だけ人間という、陵魚《りょうぎょ》という生き物が紹介されている。

日本では、推古《すいこ》天皇の時代、『日本書紀』に「秋七月《ふみづき》に、摂津国《せっつの》に漁父《あま》有りて、罟《あみ》を堀江《ほりえ》に沈《お》けり。物有りて罟に入《い》る。其の形児《わかご》の如し。魚にも非《あら》ず、人にも非ず、名《なづ》けむ所を知らず」とあり、日本最古の人魚の記録と思われる。

日本では、人魚は、知性ある種族というよりは、一種の怪物だ。だが、人魚には非常な価値があった。というのは、**人魚の肉**を食べると不老不死になるという伝説があるからだ。不老不死ではなく3000才の寿命を得るのだともいうが、いずれにせよ非常な長命である。また人魚の油を身体に塗れば、いかなる寒さも平気になるという。

古くは、人魚とは、人間の頭を持つ魚であった。『古今著聞集《ここんちょもんじゅう》』の巻第二十「伊勢國別保の浦人人魚を獲て前刑部少輔忠盛に献上の事」にある人魚は、頭は人のようだが、歯は細かくて魚のもので、口がとがって猿に似ている。そして、人間並みに大きな魚だったという。だが、江戸期には、既に上半身が人間で下半身が魚の西洋風人魚になっている。

西洋と異なる東洋の人魚たち

中国の人魚いろいろ

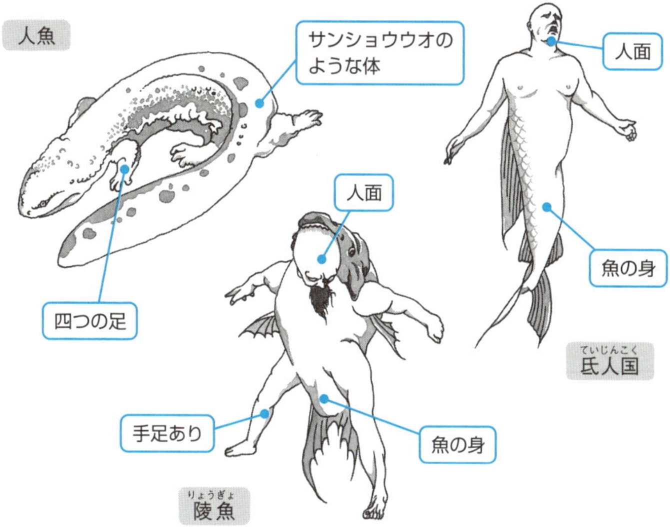

日本の人魚

鳥山石燕《とりやませきえん》の人魚

建木《けんぼく》の西にあり。

人面《じんめん》にして魚身《ぎょしん》、足《あし》なし。

胸《むね》より上《うへ》は人にして下は魚《うほ》に似《に》たり。

是氐人国《これていじんこく》の人なりとも云。

『今昔百鬼拾遺』より

関連項目

●人魚→No.019
●人魚の肉→No.021

No.021

人魚《にんぎょ》の肉

Meat of marmaid

日本では、人魚の肉は不老不死の源といわれる。だが、不老不死を得た人間が幸せになれるのかは、誰も知らない。

●人魚の肉を食べてしまった少女

日本を含む東洋では、**人魚**は妖精というよりも、妖怪や異類であると考えられている。その大きさは、ニホンザルくらいから人間くらいまで様々だが、人魚を捕らえると、人はその肉を食おうと考えた。なぜなら、人魚の肉は不老不死の源だからだ。

その最も有名な例が八百比丘尼《やおびくに》伝説だ。

昔、若狭《わかさ》の長者たちが、海の向こう（竜宮？）の長者に招かれ、食事を振る舞われた。だが、出席者の1人がふと台所を覗くと、人魚の肉が調理されている。人々は不気味に思って、肉を持って帰って捨てることにした。

だが、高橋権太夫という長者の16才になる娘が、父親の持ち帰った肉を食べてしまった。ところが、その後何年経っても、娘の容色は衰えない。夫を得て、その夫が年老いて死んでも、娘はそのままだ。そんなことが何回か繰り返され、さすがに人々も不気味に思い、娘は村を出て行くことになった。

娘は尼になり、国中を回って貧しい人々を助け、そのまま八百年生きた。

この話は、その八百年生きた尼から聞いた話だという。尼は、八百年後でも若く美しいままだったという。

最後には、尼は世を儚んで洞窟へと姿を隠したという。だが、それは単にその土地を捨てたというだけかもしれない。今でも、尼はどこかで若く美しいままで生きているのかもしれない。

これが八百比丘尼伝説である。この伝説は、日本全国に存在するが、最も有名なのは福井県小浜《おばま》市の空印寺《くういんじ》に残る伝説だろう。ここには、比丘尼が最後に入っていったという洞窟が残されている。ただし、伝説とは異なり、海岸沿いにではなく、町中にある。現在は、深さ5mくらいしかないが、JR（当時の国鉄）が線路を引く前は、もっと深かったという。

不老不死ははたして幸せなのか？

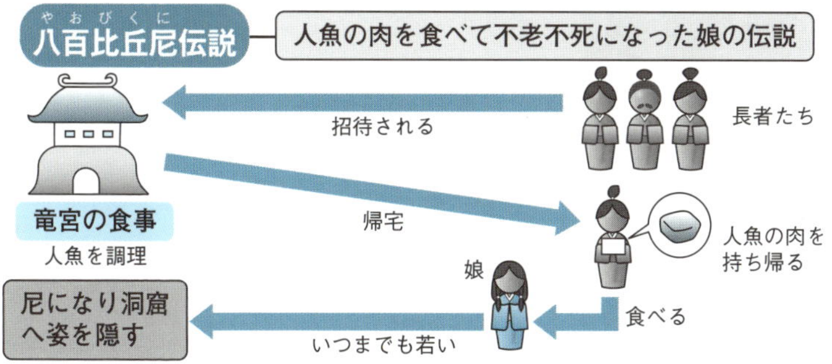

日本各地の八百比丘尼伝説

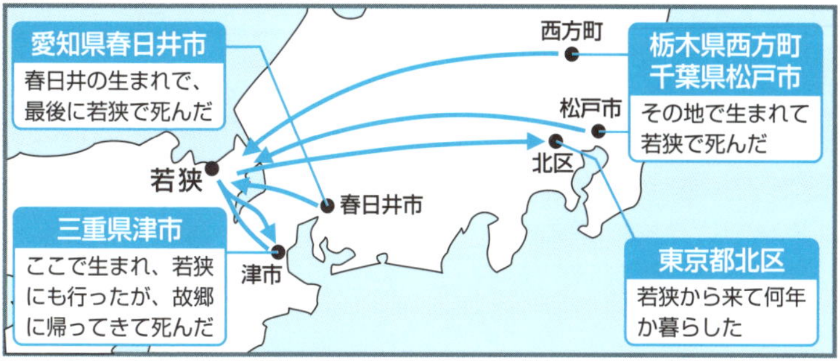

ほとんどの伝説に若狭という土地が絡んでいる → 八百比丘尼と若狭（特に小浜）の間に何かのつながり？

❖里見八犬伝の八百比丘尼

伝説の八百比丘尼は、経緯はともあれ、椿の木を植えて、貧しい人々を助けたという点では共通している。

けれども、曲亭馬琴《きょくていばきん》の『南総里見八犬伝』では、悪役である玉梓《たまずさ》の怨霊が八百比丘尼になり、それを八犬士が倒すという物語で、珍しくも比丘尼は悪役になっている。

関連項目
●人魚→No.019
●人魚（東洋）→No.018

No.022

半魚人

Gil–man

半魚人といえば、若い女性を襲って、子供を産ませようとする怪物だ。だが、どうしてそう思われるようになったのか。

●異種族から怪物へ

人間と魚の中間のような姿をした生き物。様々な伝説や創作に登場するが、その有り様は、別種の生物だったり、人間を襲う怪物だったり、人間より優れた種族だったりと、様々だ。

基本的には、全身に鱗のある人間の姿で、手足の指の間には水かきがあり、顔つきは魚に似ている。この点で、上半身が人間で下半身が魚の人魚などとは明らかに形が違う。

ヨーロッパには、海の司教という生き物の伝承がある。彼らは、半魚人そのものの姿をしているが、頭が三角形に尖っているのが司教の帽子に見えるところから、こう呼ばれる。

南米のグアラニ族の半魚人イプピアラは、半魚人という説もあるが、一般には人魚に似た姿で描かれることが多い。

もっと古くなると、古代メソポタミアにはアプカルと呼ばれる、頭から背中にかけて魚、胴体の前が人間という生き物がいたという。彼らは七賢聖と呼ばれる古代の賢者で、人間に知恵を与えてくれた者たちだという。

だが、我々の半魚人のイメージを作ったのは、1954年に作られたユニバーサル映画制作の『大アマゾンの半魚人（Creature from the Black Lagoon)』である。この映画は大ヒットし『半魚人の逆襲（Revenge of the Creature)』や『人食い半魚人（The Creature Walks Among Us)』といった続編も作られた。この映画では、半魚人はギルマン（Gil－man）と呼ばれており、この言葉も、半魚人の怪物を表す一般名詞として使われるほど広まった。

実際、この映画と全く関係がないにも関わらず、似たような設定の半魚人を登場させる映画、小説、コミックなどが多数作られた。日本のコミックで半魚人が描かれた場合、そのイメージソースはこの映画（もしくはこの映画を真似して作られた作品）と考えて間違いない。

様々な伝説や創作に登場

半魚人 ― 人間と魚の中間の姿をした生き物

↓

別種の生物 ／ 人間を襲う怪物 ／ 人間より優れた種族 　などさまざま

半魚人

『大アマゾンの半魚人』ポスター

映画『大アマゾンの半魚人』に登場

海の司教

頭が三角に尖っている

アプカル

頭から背中➡魚
胴体の前➡人間

イプピアラ

人魚に似た姿

No.023

水《すい》棲《せい》馬《ば》

Kelpies, Each Uisge & Each Uisce

古代ヨーロッパには、水中に棲む馬の伝説がある。波のしぶきが、馬のたてがみを想像させるからだといわれる。

●人を食う馬

古代ヨーロッパのケルト民族の伝説には、水の中に棲む馬が登場する。

イギリスのスコットランド地方には、ケルピーという水棲馬がいる。たてがみが水草だともいう。彼らは、川に棲み、毛むくじゃらの男の姿に変身することもできる。そして、馬に乗っている人がいると、その後ろに飛び乗ってしがみつき、恐怖を味わわせるといういたずらをする。

馬の姿のときは、人を背に乗せて、池や川に飛び込み、溺れ死ぬのではないかと恐れさせる。人間を食べてしまうという説もあるが、それはおそらく後述するエッヘ・ウーシュカの仕業だろう。

馬の姿のケルピーの背には魔法の馬具が付けられている。この馬具をうまいことをして奪うことができると、馬具を使って魔法をかけることができるようになる。逆に、人間界の馬具をケルピーの背に取り付けることができたなら、ケルピーを意のままに働かせることができる。ただし、一度でも馬具を外してしまうと、その瞬間にケルピーは逃げ出してしまう。

スコットランドには、ケルピーの他にエッヘ・ウーシュカという獰猛な水棲馬がいるという。彼らはケルピーとは異なり、湖や海に棲んでいる。

彼らは、毛並みの良い美しい馬の姿をしている。それに気を取られて、捕まえようと背に乗ると大変だ。エッヘ・ウーシュカの肌は粘着力があって、背に乗った人間は離れることができない。そして、そのまま湖や海に連れ去られ、そこで食べられてしまう。だが、肝臓だけは嫌いなので、そこだけ食べ残されて岸に打ち上げられるのだという。

アイルランドには、よく似たアッハ・イーシュカという馬がいる。彼らに馬具を付けると、素晴らしい名馬となるが、馬に乗るのは内陸でなければならない。海を見ると、彼らは人を乗せたまま海に飛び込み、そこで乗り手を食べてしまうのだという。

古代ヨーロッパに伝わる恐ろしい馬

水棲馬 — ケルト民族の伝説に登場する水の中に棲む馬

ケルピー

- たてがみが藻や水草
- 野卑な男に変身できる
- 普通の馬にもなれる
- 人を驚かせる
- 魔法の馬具が付けられている
- 人間の馬具を付ければ名馬として働く

エッヘ・ウーシュカ

- 毛並みの良い馬の姿
- 若者に変身できる
- 肌が粘り着き、乗ったものは動けなくなる
- 獰猛で人を食べる

アッハ・イーシュカ

- 馬具を付ければ名馬として働く
- 海を見ると、そのまま飛び込んでしまう

No.024

アーヴァンク

Afanc

イギリスの水妖アーヴァンクは、その姿が伝えられていないが、巨大な生き物だとされる。

●乙女にだまされた水妖

イギリス、北ウェールズ地方のシーン・アル・アーヴァンクという澱《よど》みに棲む水妖。

その姿に関しては、諸説ある。ウェールズの方言ではアーヴァンクという言葉がビーバーのことであることから、巨大なビーバーだという説もある。動物の姿をしているものの、アーヴァンクは知性のない怪物ではない。人間の言葉を話すこともできる、知恵ある水妖である。

かの水妖の住む澱みに何か投げ込むと、渦を巻いて水中に引きずり込まれる。物だけでなく、澱みに落ちた動物や人間であってもだ。これを、人々は巨大なビーバーか大きなワニの仕業だと考えた。これがアーヴァンクである。

アーヴァンクはけっこう気の荒い生き物だが、それでもユニコーン（一角獣）などと同様に、人間の乙女には気を許すこともある。17世紀の伝承によれば、アーヴァンクが気を許して、1人の乙女の膝で眠りに就いたことがあったという。

眠ったアーヴァンクに鎖が取り付けられ、2頭の雄牛に結びつけられた。

雄牛が引っ張り始めたのに気づいたアーヴァンクは、それまで優しく当てていただけの爪で、乙女の乳房を引き裂くと、全力を挙げて澱みに戻ろうとした。そうはさせじと、男たちが鎖に取り付いて、引っ張り始めた。

さすがのアーヴァンクも、これだけの頭数で引っ張られたのでは逃げ出せない。とうとう捕らえられてしまった。

アーヴァンクを捕らえた男たちが、いったい誰の力が最も役に立ったのかで、言い争いをしていると、アーヴァンクが自分で答えた。

「雄牛が引っ張らなかったら、私が澱みから引き離されることはなかったのに」

アーヴァンクの姿

アーヴァンク ― 北ウェールズ地方の澱みに棲む水妖

姿に関して定説はない

巨大なビーバー説

大きなワニ説

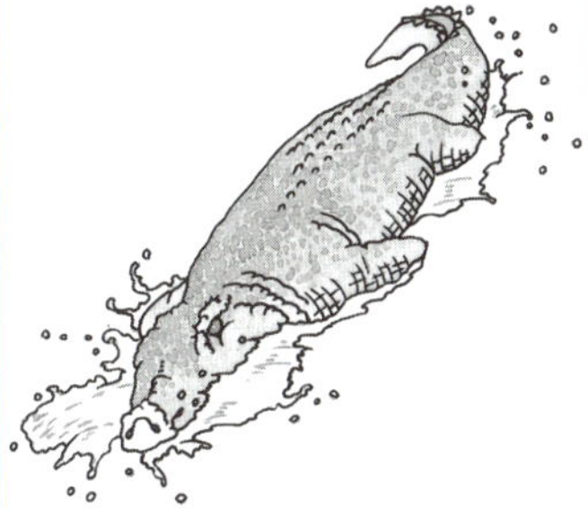

アーヴァンクの特徴

水に落ちたものは品物でも人間でも渦を巻いて引きずり込む

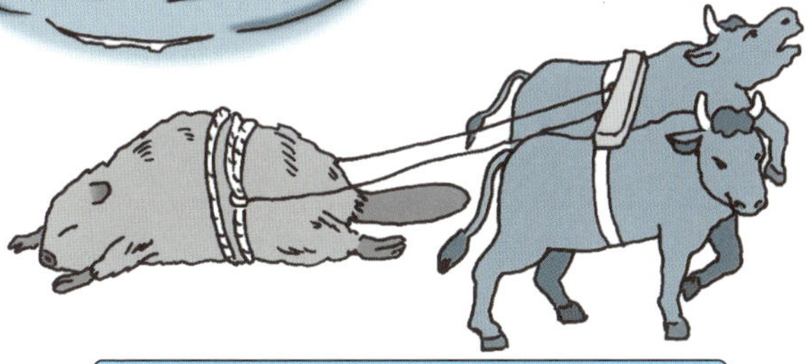

雄牛2頭で引っ張ってやっと勝てる位の強さ

No.025

ウォーター・リーパー

Water leaper

ウェールズ地方の妖精のはずだが、どう見ても不気味な化け物で、知性もない。

●蛙の化け物

イギリスはウェールズ地方に伝わる奇妙な姿の妖精だ。妖精というが、その姿や生態を考えると、化け物か怪物という方が正しいだろう。当地では、「サムヒギン・ア・ドゥル」（The Llamhigyn Y Dwr）と言う。ウェールズ語なので、通常の英語の発音とは違い、我々にはちょっと読めない。

その名前「水から跳ねるもの」の通り、沼地や池などに棲んでいる。その姿は、手足のない巨大なヒキガエルで、代わりに長いトカゲのような尻尾と、羽のように大きな2枚のひれを持つ。一説には、ひれではなくて、コウモリの羽だともいわれる。このひれ（か羽）で水を叩き、水中から飛び出して、空を跳びはねる。幸いにして、ジャンプして滑空することはできても、空を飛ぶことはできないようだ。色はアルビノのように白い。

肉食で、しかも水中の魚などよりも、陸上の動物を好んで食う。水中から、そのひれと尻尾で飛び出してきて、食らいつくのだ。だから口は大きく開き、その中には短い牙がぎっしりと生えている。牙には、麻痺毒があるという話もある。その口で、ネズミや猫などは、一呑みにしてしまう。一説には、人間でも一呑みにできるほどの大きさがあるともいう。

彼らは、妖精というが知性はなく、動物程度の知恵があるだけだ。だが、漁師たちにとっては、天敵以外の何者でもない。その巨体と牙とで、網などは破られ、下手をすると自分が食われてしまうのだ。

また、ウォーター・リーパーの鳴き声にも注意しなければならない。危機に陥ったとき、奴らは甲高い金切り声を上げる。それこそ、黒板やガラスを引っ掻いたときのような不快な声だ。しかも、その音量といったら、鼓膜が破れそうなほどだ。心臓の弱い人なら、声を聞いただけでショック死しかねない。そこまでいかなくても、動けなくなったり、転倒したりして、その身を守れなくなってしまう。そこを、奴らに攻撃されたら、命はないだろう。

どう見ても蛙の化け物

ウォーター・リーパーとは

- ウォーター・リーパー＝「水から跳ねるもの」
- イギリスのウェールズ地方の妖精。沼地や池などに棲む
- 知性はなく、動物程度の知恵があるだけ
- 不快な泣き声を発する。しかも大音量

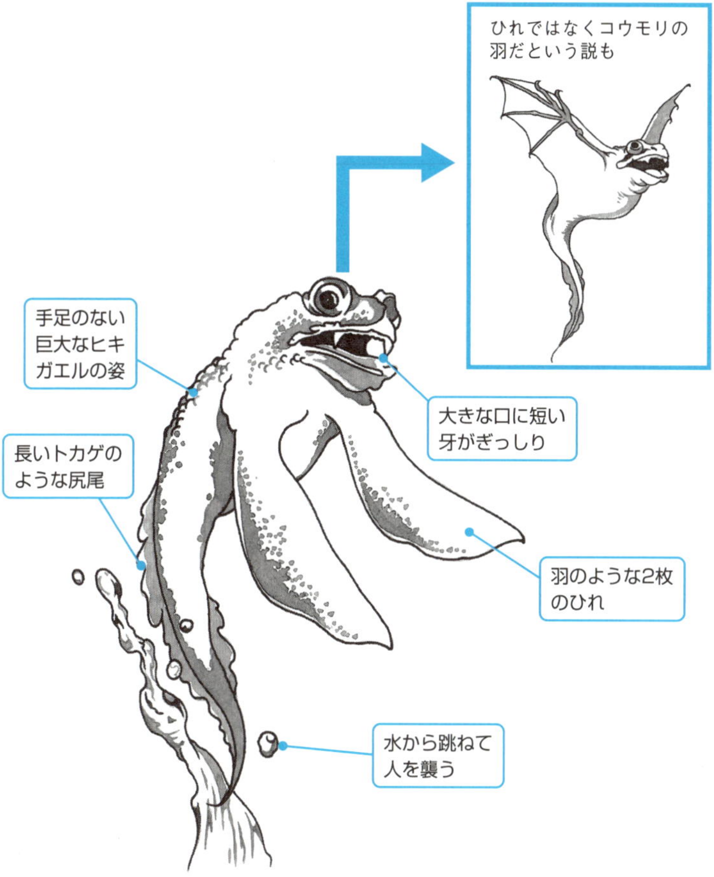

No.026

スキュラ

Scylla

ギリシャ神話の中でも、スキュラほど哀れな存在はない。魔女の呪いで、怪物に変えられてしまったのだから。

●悲しき水の妖怪

メッシナ海峡に棲み着いていた海の女怪物だ。

その姿は、上半身は美しい娘の姿をしているが、下半身は腰の周りに6匹の犬の上半身がぐるりと取り巻いていて、六つの頭には三重の歯が生えており、12本の足で機敏に動き回る。

とはいえ、スキュラは元から怪物だったわけではない。**海の老人**ポルキュスと海のニンフのクラタイイスの娘で、美しい海のニンフだった。彼女は、海で仲間のニンフたちと楽しく暮らし、あらゆる求婚をはねつけていた。

そのスキュラに恋したのが海神グラウコスである。だが、彼の求婚は他の者のそれと同様はねつけられてしまった。そこで、グラウコスは魔女キルケーのもとに行って、惚れ薬を手に入れようとした。だが、困ったことにキルケー自身がグラウコスに恋してしまった。

だが、スキュラを愛しているグラウコスは当然のことながらはねつける。

嫉妬に駆られたキルケーは、スキュラが沐浴する泉に魔法の草を入れた。泉に入ったスキュラは、泉の水がおかしいことに気づいたが、既に遅く、泉に漬かっていた下半身が怪物と化してしまった。

つまり、スキュラ自身は何の罪もないのに、邪悪な魔女によって怪物に変えられてしまったのだ。

しかも、あろう事かスキュラは不死身であったので、死ぬこともできない。

怪物と化したスキュラはメッシナ海峡の洞窟に身を潜め、そこを通る船員を一度に6人捕まえては、貪り食らうようになった。**オデュッセウス**も、その航海の途中でスキュラの住処を通り、6人の船員を食われながら、なんとか通ることができた。

後世、ローマの伝説の創始者アイネイアスがメッシナ海峡を通ったときには、スキュラは石と化していたという。

悲しく哀れな水の妖怪

スキュラ ― メッシナ海峡に棲み着いていた海の女怪物

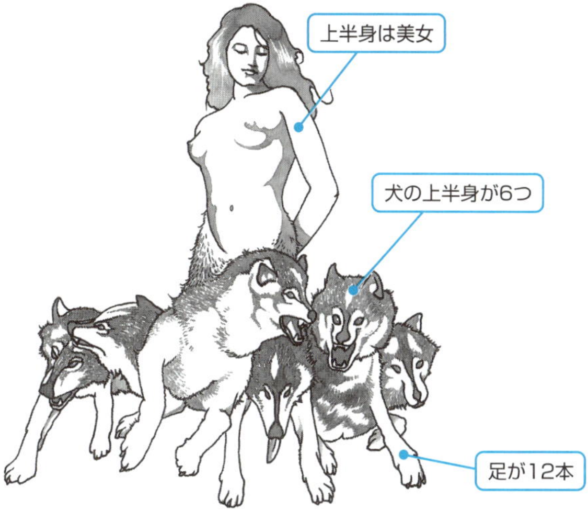

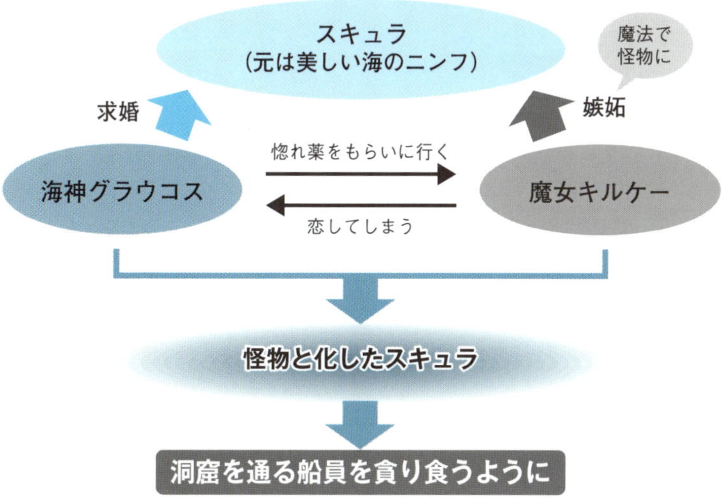

関連項目

- ●海の老人→No.045
- ●オデュッセウス→No.099

No.027

カリュブディス

Charybdis

海の大渦巻は、世界各地で様々な神話に登場する。ギリシャ神話のカリュブディスもその一つだ。

●大食漢の女神

シチリアのメッシナ海峡（イタリアとシチリア島の間にある狭い海峡、最も狭いところでは幅3kmほどしかない）の北にある大渦巻の名前。また、この大渦巻を起こす女怪物のこともカリュブディスという。

カリュブディスは、最初から怪物だったわけではない。海神**ポセイドン**と大地母神ガイアの娘で、その意味では由緒正しい女神だ。だが、彼女はものすごい大食漢の女神だった。ヘラクレスが彼の冒険の最中に、ゲリュオンの牛群を追いかけていたとき、彼女は牛を盗んで食べてしまった。この罰として、ゼウスが彼女を雷霆《らいてい》で撃つと、海に落ちて怪物となった。

カリュブディスは、1日に3度海水を飲み込んで、3度はき出す。これは、大食漢の女神が何でも食らってしまうことを表しているのだという。

海での災難ならたいがい出会っている英雄**オデュッセウス**は、当然のことながらカリュブディスにも遭遇した。

1度目のときは、オデュッセウスはカリュブディスと怪物**スキュラ**とどちらかを選ぶことができたので、確実な死よりは可能性にかけてスキュラの棲む方へと船を進めた。

だが、2度目のときには、オデュッセウスの船には船員がいなかった。というのも、太陽神ヘリオスの牛を殺したために、ゼウスに罰せられて殺されたからだ。そのため、カリュブディスを避けることができず、まっすぐ大渦巻へと進んでしまう。

だが、オデュッセウスは怪物の洞窟に船が飲み込まれる直前に、洞窟の上に垂れ下がっていたイチジクの枝に飛びついてそのまましがみついた。

そして、カリュブディスが船をはき出したとき、船に飛び乗って無事に渦巻を通過したという。

海の大渦巻を起こす大食漢

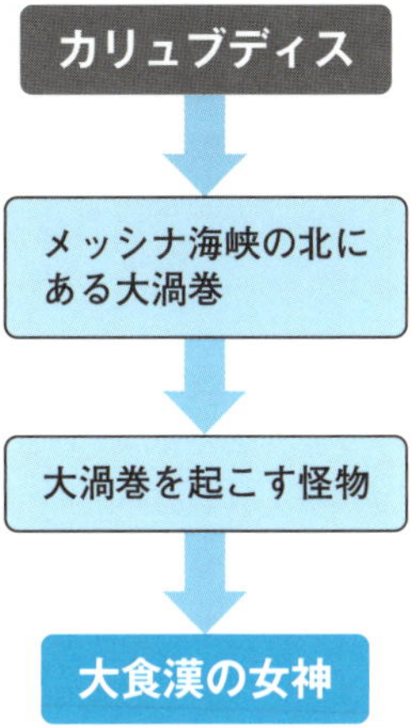

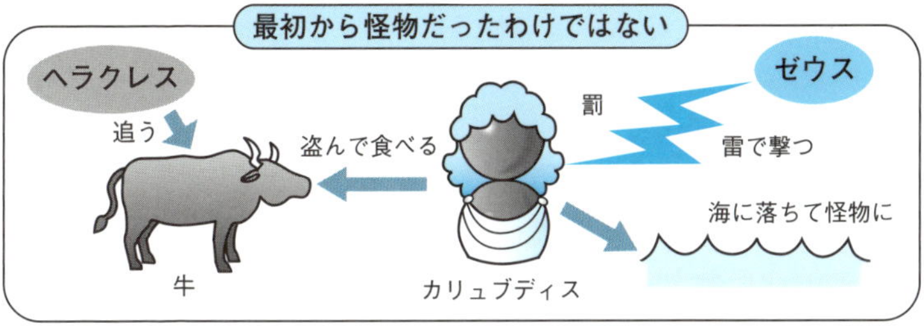

◆メイルシュトローム

"Maelstrom"とは、ノルウェーのロフォーテン諸島モシュネセイ島沖にあるといわれる巨大な大渦巻のことだ。

こちらは、エドガー・アラン・ポーの『メイルシュトロームの大渦』で有名になった。おかげで、"maelstrom"と小文字で書くと、一般の大渦巻を表す普通名詞になってしまったほどだ。

関連項目

●スキュラ→No.026
●ポセイドン→No.044
●オデュッセウス→No.099

No.028

セイレーン

Siren

海の怪物として有名なセイレーンだが、元は女神に仕えるニンフたちだった。

●セイレーンの歌声の魔力

ギリシャ神話に登場する、上半身は女で下半身が鳥の姿をした女怪。セイレーンが何人いるのかは、2人説、3人説、4人説があって、定かではない。

河の神**アケロオス**と、ミューズ（詩の女神たち）の1人メルポメネとの間にできた娘たちとされるが、異説もある。

スキュラの住処や**カリュブディス**の近くのアンテモエッサ島に棲んでおり、彼女たちの歌を聴いた船乗りは、ふらふらと引きつけられてセイレーンの島に向かい、永遠に歌声を聞き続けついには死んでしまうという。

だが、無事だったものたちもいる。

アルゴ探検隊（金の羊を探してアルゴ号で旅立った英雄たち）は、ギリシャ神話最大の詩人であるオルフェウスが、セイレーン以上に見事な竪琴の演奏をしたので、無事に通過できた。

また、**オデュッセウス**はそのような才能を持たなかったが、魔女キルケーの忠告により、あらかじめセイレーンの恐ろしさを知っていた。そのため、部下たちの耳に蝋《ろう》を詰めてセイレーンの歌が聞こえないようにして無事に通過した。このとき、オデュッセウス自身はセイレーンの歌が聴きたくて、耳に蝋を詰めなかった。代わりに、部下に自分を帆柱に縛らせて、動けないようにした。歌に操られたオデュッセウスは島へと向かいたがったが、動けなかったので無事だった。歌の魔力を破られたセイレーンたちは、海に身を投げて死んだという。

セイレーンは、元は女神ペルセポネに仕える女たちだったが、ペルセポネが冥界の王ハデスにさらわれるのを見逃した罪で、ペルセポネの母デメテルによって怪物に変えられたという。ただし、別の説では、ミューズとの歌の勝負に負けて怪物にされたとか、愛の喜びを馬鹿にしたために愛の女神アフロディテに怪物に変えられたとか、様々な説がある。

美しい歌声で船乗りたちを魅了

セイレーン ― ギリシャ神話に登場する、上半身は女で下半身が鳥の姿をした女怪

セイレーンが何人いるのかは定かではない

2人説

ヒメロパ（優しい声）
テルクシエペイア（魅惑的な声）

3人説

レウコシア（白）
リゲイア（金切り声）
パルテノペ（処女の声）

4人説

テルクシエペイア（魅惑的な声）
アグラオペメ（美しい声）
ペイシノエ（説得的）
モルペ（歌）

セイレーンの父親候補

アケロオス（河神）
ポルキュス（海の老人）

セイレーンの母親候補

メルポメネ（ミューズ）
テプシコラ（ミューズ）
ステロペ（ミューズ）

セイレーンが怪物になった理由

ペルセポネがハデスに誘拐されるのを見逃した → デメテルによって → 怪物に
歌の勝負に負けた → ミューズによって → 怪物に
愛を軽視した → アフロディテによって → 怪物に

関連項目

●スキュラ→No.026
●セリュブディス→No.027
●アケロオス→No.047
●オデュッセウス→No.099

No.029

ヒュドラー

Hydra

ヘラクレスは、その生涯で、12の難行を達成している。その一つが、沼に棲む蛇ヒュドラー退治である。

●死なない水蛇を退治する方法

ギリシャ神話に登場する、沼や湖に棲む多頭の巨大な蛇。ヒュドラーとは、当時のギリシャ語の「水蛇」からきた怪物である。

ギリシャ神話において、ヘラクレスの12の難題の一つとして出てくるのが、レルネーの沼沢地に棲むヒュドラー退治である。

ヒュドラーは九つの首があり、真ん中の首は不死であった。しかも、その息は毒であり、吸うと死んでしまう。

そこで、ヘラクレスは、口と鼻を布で覆いながら、ヒュドラーと戦った。まず、火矢を巣に射て、巣からヒュドラーを追い出した。だが、蛇は、彼の片足に絡みついて、対抗する。しかも、棍棒で首を打つと、新たに二つの首が生えてくる。

その上、大蟹（一説には、女神ヘラがヘラクレスの死を願って送り込んだ怪物だという）まで現れて、彼の足を噛んだ。

そこで、ヘラクレスは蟹を踏みつぶし、甥（従兄弟という説もある）のイオラーオスに助けを求めた。イオラーオスは切った首の切り口を炎で焼き焦がし、首が新たに生えてくるのを防いだ。こうして、ヒュドラーの首を減らすことに成功した。

だが、最後の一つの首だけは、不死である。そこで、切り落とした不死の首は、地面に埋めて、その上に巨大な石を置いて重しにした。

ヘラクレスは、ヒュドラーを退治した後、その身体を引き裂いて、胆汁に自分の矢を浸した。その後、ヘラクレスの矢は、猛毒の矢となった。

ところが、ヘラクレスにヒュドラー退治を命じたエウリュステウスは、彼が甥の手助けを受けたとして、これを彼の功業と認めなかった。

ちなみに、こうして退治されたヒュドラーは、ヘラによって天空に上げられ海蛇座となった。また、踏みつぶされた蟹は、蟹座となった。

ヘラクレスと戦う不死の水蛇

ヒュドラー ― 沼や湖に棲む多頭の巨大な蛇

＝

「水蛇」

ギリシャ神話のヘラクレスの12の難題の一つ

↓

レルネーの沼沢地に棲むヒュドラー退治

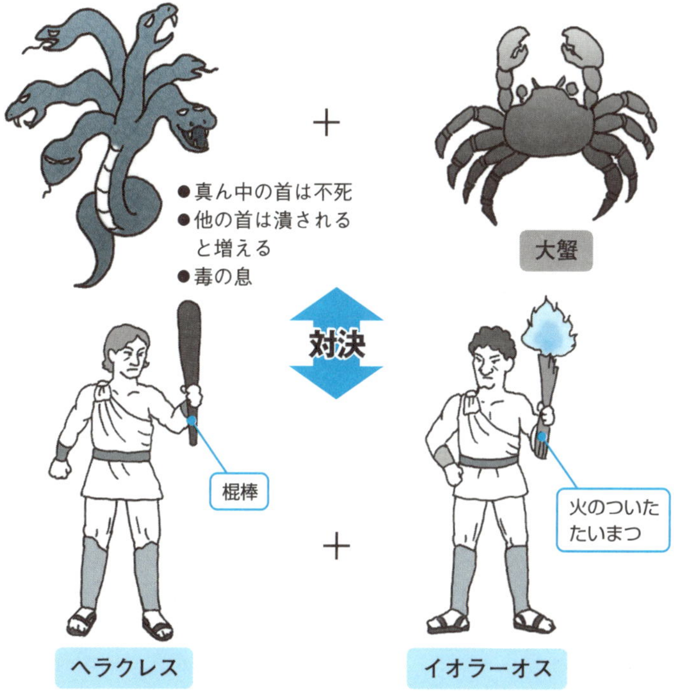

その後

退治されたヒュドラー → **海蛇座**

ヘラによって天空へ

踏みつぶされた蟹 → **蟹座**

No.030

リヴァイアサン

Leviathan

聖書には、ベヒーモスとリヴァイアサンの２体の怪物が登場する。ベヒーモスは陸の怪物、リヴァイアサンは海の怪物だ。

●海の最大の生き物

『旧約聖書』に登場する海の怪物。

その出自はさらに古く、ウガリト神話（現在のシリアあたりで、ユダヤ人が移住してくる前に住んでいた人々の神話）では、七つの頭の巨大な蛇で、嵐の神**バアル**に討ち取られたという。聖書は、その神話からリヴァイアサンを取り込んで、巨大な海の怪物とした。

聖書においては、リヴァイアサンは神が自ら創り出したもので、そのあまりのすごさに、神は「**彼《かれ》のからだの各部《かくぶ》についてわたしは黙《だま》ってはいられない**」（『聖書　新共同訳』日本聖書協会／以下も同）と、自分から自慢を始めるほどだ。人間の高慢は罪だが、神が自慢をするのは構わないらしい。

背中は盾の列で堅く守られており、くしゃみをすれば、両眼は光を放ち、口からは火炎が噴き出し、鼻からは煙が吹き出る。首には猛威が宿り顔には威嚇がみなぎっているし、心臓は石のように硬いために、立ち上がれば神々もおののき、取り乱して、逃げ惑うほどだ。この神々は複数なので、ユダヤ以外の多神教の神々のことだろう。

また、大変頑丈で、「**剣《けん》も槍《やり》も、矢《や》も投《な》げ槍《やり》も、彼《かれ》を突《つ》き刺《さ》すことはできない。鉄《てつ》の武器《ぶき》も麦藁《むぎわら》となり、青銅《せいどう》も腐《くさ》った木《き》となる**」というわけで、武器などは全く効果がないらしい。

また、巨大さといえば「**彼《かれ》は深《ふか》い淵《ふち》を煮《に》えたぎる鍋《なべ》のように沸《わ》き上《あ》がらせ、海《うみ》をるつぼにする**」ほどだ。「**彼《かれ》の進《すす》んだ跡《あと》には光《ひかり》が輝《かがや》き、深淵《しんえん》は白髪《しらが》をなびかせる**」。「**この地上《ちじょう》に、彼《かれ》を支配《しはい》するものはいない**」。

けれども、神は「**レビヤタンの頭《あたま》を打《う》ち砕《くだ》き、それを砂漠《さばく》の民《たみ》の食料《しょくりょう》とされた**」（レビヤタンは聖書でのリヴァイアサンの表記）というから、巨大な怪物も神の前では無力であり、人間の食卓に出されてしまった。

神が自ら創出した最大の海の生き物

リヴァイアサン — 聖書に登場する海の怪物

ウガリト神話

- 七つの頭の巨大な蛇
- 嵐の神バアルに討ち取られる

↓

聖書

- 神が自ら創ったと自慢
- 後には人々の食料になる
- 聖書では「レビヤタン」と表記される

↓

キリスト教

- キリスト教では高慢を司る悪魔とされる
  (もしかしたら、神がリヴァイアサンのことを自慢したのは、悪魔のリヴァイアサンによって高慢の罪を得てしまったということなのだろうか)

関連項目
●バアル→No.053

No.031

クラーケン

Kraken

船を襲う巨大なクラーケン。まさに荒唐無稽と思われるが、実は最も存在の可能性の高い怪物だった。

●触手で船に絡みつく海の怪物

ノルウェーの伝説に登場する、北極に棲む巨大な海の怪物。

そもそも、“krake”とはノルウェーの言葉で病の獣、もしくはねじ曲がったものを意味し、その意味ではやはりイカやタコがふさわしい。実際、現代ドイツ語では、“krake”とはタコのことを意味する。

一般的には、巨大なイカかタコの怪物だといわれているが、数多くの目撃譚の中には、巨大な海蛇説、巨大なクジラ説、巨大なザリガニ説、巨大な魚説、巨大なクラゲ説、巨大なワニ説など、数多くの説があり、どれが正しいとも決めがたいものがある。ただ一つ言えることは、クラーケンの巨大さだけは、どんな目撃譚や伝説においても共通だということだ。

とはいえ、クラーケンは比較的新しい怪物である。この名が記録に現れたのは、18世紀のことだ。分類学の祖といわれるカール・リンネが、著書で、クラーケンを、頭足類（イカやタコなど）の一種とした。

もちろん、それ以前にクラーケンがいなかったわけではない。北欧のサガには、同様の怪物が登場するが、それらには別の名前が付いていた。

18世紀のコペンハーゲン大学学長エーリク・ポントピダンの『ノルウェー博物誌』では、その背中が2.5kmもあり、匂いで魚を引きつけ、触手で捕らえて食べるが、普段は人間や船を襲うことはないとされる。

けれども一般的なクラーケンは、数十mの大きさのタコの化け物で、船を襲って船員を腕で捕まえては食う恐ろしい怪物だ。

実際、イカには全長10mにもなる巨大なものが確認されているし、タコですら5mくらいのものは実在が確認されている。中には、本当に20mくらいに成長したものもいるかもしれない。そして、イカやタコは好奇心が強く、同サイズくらいの船があれば、絡みついてくるだろう。クラーケンは、本当に存在する可能性が十分にある海の化け物なのだ。

本当にいるかもしれない怪物

クラーケン ― 北極に棲む巨大な海の怪物

一般的なクラーケン

船を襲って
船員を食う

数十mの大きさの
タコの化け物

本当に存在する可能性が十分にある

クラーケンの正体

巨大なタコ説

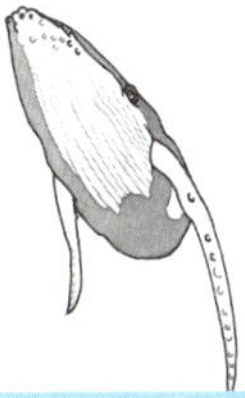

巨大なクジラ説

巨大なザリガニ説

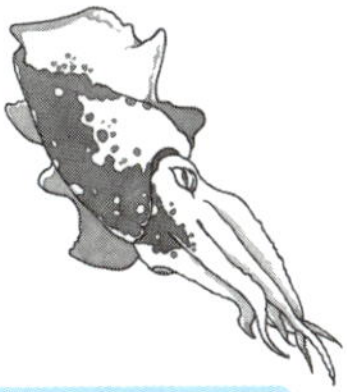

巨大なイカ説

巨大なクラゲ説

巨大なワニ説

No.032

ネッシー

Nessie

ネス湖に潜む太古の恐竜ネッシーは、20世紀前半に発見され、多くの目撃者がいるくせに、その正体は不明のままだ。

●幻の海竜

イギリス、スコットランドにあるネス湖でたびたび目撃されている太古の恐竜に似た未確認生物（UMA）。

少なくとも7世紀ごろから、ネス湖においては未知の生物が生きているという目撃情報があった。とはいえ、このとき目撃された怪物は、蛙のような生き物だったので、いわゆるネス湖の恐竜とは何の関係もない。

20世紀になってからネス湖への道路が整備され、観光客が多数訪れるようになり、目撃例が現れるようになった。そして、彼らに目撃されたのは、首の長い恐竜のような生き物だった。

特に有名なのが、最初の写真である医師ロバート・K・ウィルソンによるネッシーの写真である。これは1934年のもので、ネッシーを撮影した最初のものである。

しかし、この写真が大変にいかがわしいものだった。最初発表されたとき、写真には湖岸が写っておらず、ネッシーのサイズを計測することができなかった。ところが、1980年代になって、湖岸の写り込んだ元の写真が発見された。その写真を元に計算してみると、ネッシーの大きさはわずか数十cmしかない。ウィルソンは、ネッシーのサイズを分からなくするために、わざと湖岸の部分を切り取って発表していたのだ。

その後も、多くの写真が撮影されたが、ほとんどが誤認か捏造であり、ネッシーの信憑性は大きく揺らいでいる。

そして、ネス湖という湖自身が、非常に生態系の貧しい湖で、魚の生息数も少なく、大きな恐竜の食事をまかなうことが不可能であること。また、そもそもネス湖という湖ができたのは、わずか1万年ほど前であり、6500万年前の恐竜の生き残りが住み続けていたというには無理がありすぎることも明らかになった。ネッシーの息の根は今にも止まりそうになっている。

いまだに正体不明の幻の海竜

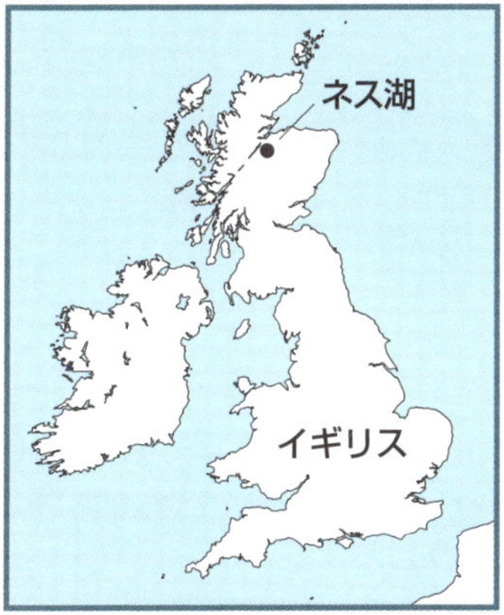

ネッシー

＝

イギリス、スコットランドにあるネス湖で目撃されている太古の恐竜に似た未確認生物

↓

目撃例が多数現れる

↓

ネッシーの信憑性は？大きく揺らいでいる

ネッシーの写真

最初のネッシーの写真。発表されたときは、写真奥の向こう岸が切り取られていたために、ネッシーのサイズが分からなかった。こうやって見てみると、大変小さいものであることが分かる。

首長竜は恐竜ではない

ネス湖の怪物の最有力候補とされていたのが、首長竜だ。海棲爬虫類の中で最大級の彼らは、恐竜の時代の海の王者だった。

ただ、厳密に言えば彼らは恐竜ではない。爬虫類ではあるが、恐竜とは別系統の生き物だ。どちらかというと現存する蛇やトカゲといった爬虫類に近かったとされる。

No.033

河童《かっぱ》 1

Kappa

河童は、日本中で愛されている水の妖怪だが、その起源は意外と知られていない。

●河童の起源いろいろ

日本中にその伝承が残る、伝説の生き物。「河太郎」ともいう。

大きさは子供くらいの人間型で、頭のてっぺんには皿と呼ばれる平らで毛の生えていない部分があり、背中には甲羅がある（甲羅のない河童の絵も、けっこう残っているので、必ずしも甲羅はないのかもしれない）。手足には水かきがあって、泳ぐのに便利になっている。

体表は、鱗がある河童と、毛で覆われている河童の2種類がある。

両腕は身体の中でつながって1本になっている。だから、片方の腕を引っ張ると、その腕が伸びた分だけ、もう一方の腕が縮む。思いっきり引っ張れば、腕が抜けてしまうこともあるという。このような腕のことを、通臂《つうひ》という。また、尻の穴が三つもあって、しかもひどく臭いおならをする。

河童は日本全国に伝説が残るが、それでも大まかに分けて、西日本の河童と東日本の河童に分類できる。

西日本の河童は、大陸渡来で、中国の**河伯**《かはく》などが伝来して河童になったものだ。最初は肥後《ひご》の国（熊本県）に棲んだが、数が増え、乱暴狼藉が過ぎたので、加藤清正が九州全土から河童の天敵である猿を集めて攻めたので、降参した。そして、もう悪事はしないと誓って隣の筑後《ちくご》の国（福岡県）に棲み、そこの水天宮《すいてんぐう》の使いとなり、全国各地に行くようになったという。

東日本の河童は、人形が変じたものだ。昔、奈良の三笠山に春日神社を設立したときのこと。人手が足りなくて困った匠が、藁を十字に組んで99体の人形を作り、それに魂を吹き込んで人の姿にした。こうして、神社はめでたく完成した。そして、不要になった人形は河に捨てられたが、命があった人形たちは、河で暮らすようになり河童になったという。

他にも、水神の末裔が河童になったという説、間引きされて、河に捨てられた子供たちが河童になったという説もある。

愛されキャラの水の妖怪

河童 — 日本中に伝承が残る伝説の生き物

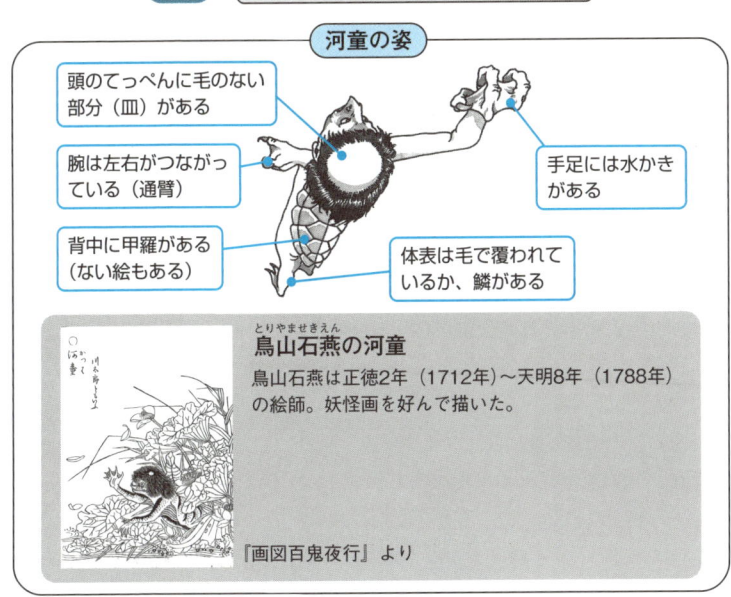

河童の姿

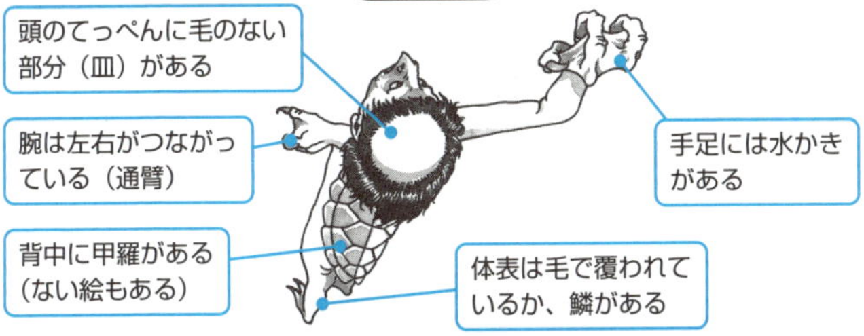

『画図百鬼夜行』より

鳥山石燕《とりやませきえん》の河童

鳥山石燕は正徳2年（1712年）〜天明8年（1788年）の絵師。妖怪画を好んで描いた。

河童の起源いろいろ

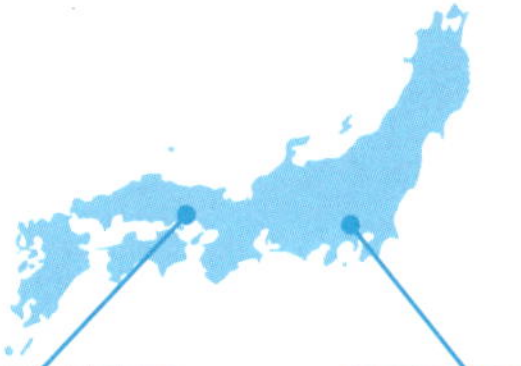

西日本の河童

- 中国の水虎が起源
- 最初は肥後に棲んだ
- 加藤清正に降伏した
- 水天宮の使いとなった

東日本の河童

- 藁人形が変じた
- だから通臂である

関連項目

●河童2→No.034
●河伯→No.063

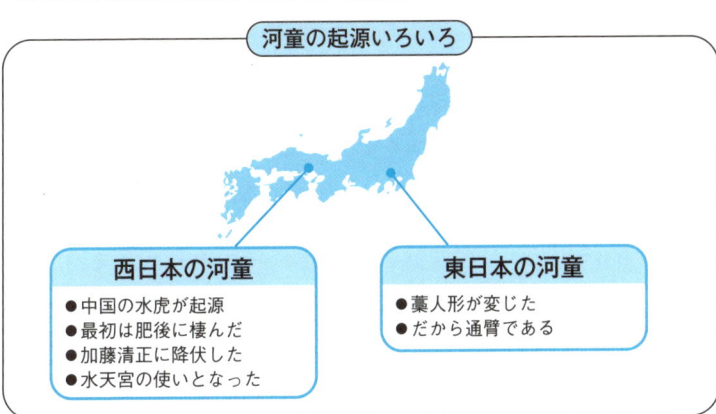

No.034

河童《かっぱ》 2

Kappa

河童は、何が好きなのか。そしてそれはなぜなのか。良い河童と悪い河童では、好物も違う。

●相撲とキュウリが好物

河童といえば、相撲だ。河童は相撲が大好きで、人間を見かけると相撲を取ろうという。だが、子供のような見かけと裏腹に、大人よりも強くて、普通の人間では、河童に勝つことはできない。

けれども、その力は頭の皿が濡れているときだけ発揮できる。頭の皿が乾くと河童は力を失い、終いには死んでしまうという。

良い河童は、相撲を取るだけで満足する。負けたらもう一番、勝ってももう一番と、なかなかしつこいが、それだけだ。

だが、悪い河童は、相撲を取って勝つと、相手の尻子玉《しりこだま》を抜いてしまう。尻子玉とは、肛門の中にあるという腑《ふ》（臓器）で、それを抜かれるとふぬけになってしまう（「ふぬけ」とは「腑」が「抜け」た状態を意味する）。

尻子玉は、タマネギのような形をしており、河童はそれを食ったり、**竜王**に納めたりする。

この伝説は、元々は水死人の肛門がゆるんでいるので、それこそ何か抜けたかのように見えること、さらに時間が経った水死人だと、肛門のあたりから内臓を魚に食われてしまい、無くなっていることなどから、考えられたものだという。

河童の好物といえば、キュウリだ。他に、魚やナスなども好むという。だが、魚は自分で捕れるので、人間に対してはキュウリやナスをほしがることになる。キュウリやナスがなる頃になると、河童が畑に現れて荒らすので、百姓はとても困った。そこで、あらかじめキュウリをお供えして、河童におとなしくなってもらおうとした。

キュウリが好物なのは、河童が水神の末裔だからだという。キュウリは、作物の中で最初になるものなので、水神（豊作を祈るためには、水が非常に重要だから）によく供えられたからだ。

河童の大好物とは

相撲とキュウリが好物

相撲

とても強いが、頭の皿が乾くと力を失う

良い河童

- 何度でもやりたがるが、それだけで満足する

悪い河童

『河童尻子玉』十返舎一九 著　より

- 勝つと相手の尻から尻子玉を抜く

キュウリ

なぜキュウリが好物なのか？

↑

河童が水神の末裔だから

水神によくお供えされた

↑

キョウリが作物の中で最初になるので

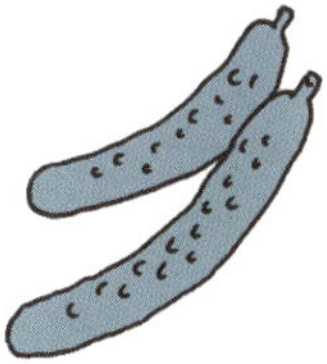

関連項目

- 河童1→No.033
- 竜王→No.061

No.035

水虎《すいこ》

Suiko

水虎という怪物が、日本と中国にいる。ところが、その姿はかなり異なる。それどころか、日本では神にまでなっている。

●河童の上位種族

河童《かっぱ》の上位にあるような、水の妖怪。日本と中国とでは、かなり異なるものとなっている。

中国の水虎は、16世紀の薬学書『本草綱目《ほんぞうこうもく》』に登場する湖北省の川の中にいるという水妖。外見は、3～4才の子供くらいだが、全身が硬い鱗に覆われており、弓矢も通さない。普段は、水の中にいるが、秋頃には水辺でひなたぼっこをしていることもある。おとなしくて、何もしなければ人を襲うことなどないが、いたずらをすると噛みついてくることもあった。

妖怪絵師の鳥山石燕《とりやませきえん》が描いた水虎は、この中国の水虎だという。その姿は、河童に似ているが、甲羅がなく、また頭の皿もない。

ところが、日本の水虎は河童の上位種のようなものと考えられている。河童より大きく、力も強く、獰猛な生き物だとされる。人を襲って殺してしまうのだから、河童よりもずっと恐ろしい。

昔の人は河童の実在を信じていた。江戸時代には、古賀侗庵《こがとうあん》という人が『水虎考略』という河童専門の研究書を書いているほどだ。

長崎の水虎は、人を水の中に引きずり込んで生き血と霊魂を食ってしまい、死体だけ返す。また青森の水虎は、子供を狙う、たちの悪い妖怪だ。

誰かが水虎に命を取られたときに復讐するには、その死体を埋葬せず、火葬にもしないで、畑の中に小さな庵《いおり》を造って、そこに放置しておく。死体は腐り始めて醜い姿になり、親族としては辛いだろうが、復讐のためには我慢だ。死体が腐ってしまうと、水虎が吸った生き血も腐ってしまい、水虎自身も腐って死んでしまうのだ。

水虎は、竜宮の使いであり、子供をさらったり、人間を殺したりするのも、自分の名前を上げるためだという。河童が人を襲うことがあるのも、水虎がそれを喜ぶからだ。

日本と中国で異なる妖怪

水虎 ― 河童の上位にある水の妖怪

日本と中国とではかなり異なる

中国の水虎

- 3～4才の子供くらい
- 全身に鱗
- おとなしい

日本の水虎

- 河童そっくり
- 甲羅も皿もある
- 河童より大きく強い
- 獰猛で人食い

神としての水虎様

- 怪物の水虎を祀って水難避けの神とした
- 姿は日本の水虎と同じ

青森県の水虎様

青森県では、水虎を水虎様として水難避けの神として祀ることがある。

これは明治のはじめに、当時の僧侶が水虎の被害を無くそうと、水虎を神として祀ることを考えたのが最初だという。祀ることで、人を襲うのではなく、逆に水難から守ってくれる神格へと水虎の立ち位置を変えたのだ。

関連項目

●河童1→No.033

No.036

蜃《しん》

Shin

海の貝たちの中には、妖怪もいる。蜃、蛤女房、栄螺鬼など、一般的な貝には、その妖怪版もいるのだ。

●貝が作った幻の楼閣

蜃は、蜃気楼を起こす海の妖怪だ。

蜃とは、巨大な蛤《はまぐり》のことだ。「蜃気楼」とは、「蜃」が、呼吸をして「気」を吐き、「楼」閣を出現させることから名付けられた。

江戸の妖怪絵師鳥山石燕《とりやませきえん》の絵には、以下のような解説がある。海の側にある蜃の気は楼台の形を取る。蜃とは大蛤のことで、海上に気を噴き出して、楼閣城市のかたちを創り出す。これを蜃気楼と呼ぶ。また海市とも言う。

中国では、蛤は神秘の生き物とされており、雀《すずめ》が海中に潜れば蛤になり、雉《きじ》が潜れば大蛤になるという。蛤には、別の伝承もある。蛤女房《はまぐりにょうぼう》だ。

昔、漁をしていた男が、とても大きな蛤を見つけた。見事なので逃がしてやった。その夜、美しい女が家に来て、女房にしてくれと言う。女は働き者で、美しい織物を織って家計を助け、また女の作る汁物は大変うまかった。

だが、女は調理をしているところを決して男に見せようとはしなかった。ある日、男が盗み見をしていると、女房は鍋に小便をしていた。

ここで、伝承は二つに分かれる。亭主に小便入りの汁を食わせるなどとんでもない女だと、怒った亭主に追い出された女房は泣く泣く海に戻っていったという話が一つ。もう一つは、その姿を見て、亭主は女があの蛤であることを知った。正体のばれた女房は、泣く泣く海へと戻っていったというものだ。

サザエの妖怪もいる。30年間生きたサザエは、目玉と手足ができて栄螺《さざえ》鬼《おに》になるという。また、好色な女が海に投げ込まれるとサザエになり、それが変化して栄螺鬼になるとも。

月夜の晩に一人旅の女が一夜の宿を借りに来るのは、栄螺鬼が亭主をさらいに来るのだともいわれている。また、海賊が海で溺れている女を救って、犯した。これが実は栄螺鬼で、海賊たちは金玉を食いちぎられてしまった。海賊たちは、黄金と引き替えに金玉を取り返したという。

貝にも妖怪がいた

蜃 ― 蜃気楼を起こす海の妖怪

||

巨大な蛤

蜃気楼

『今昔百鬼拾遺』鳥山石燕 著　より

その名の由来

蜃 ＝大蛤

▼ 呼吸

気 を吐く

▼

楼 閣を出現させる

中国では

雀　雉

潜る

蛤に　海

大蛤に

大蛤 → 女に化けて女房に

↓

蛤《はまぐり》 女房《にょうぼう》

栄螺《さざえ》鬼《おに》

『百器徒然袋』鳥山石燕 著　より

30年間
生きたサザエ

好色な女が
変身したサザエ

変化

栄螺鬼に

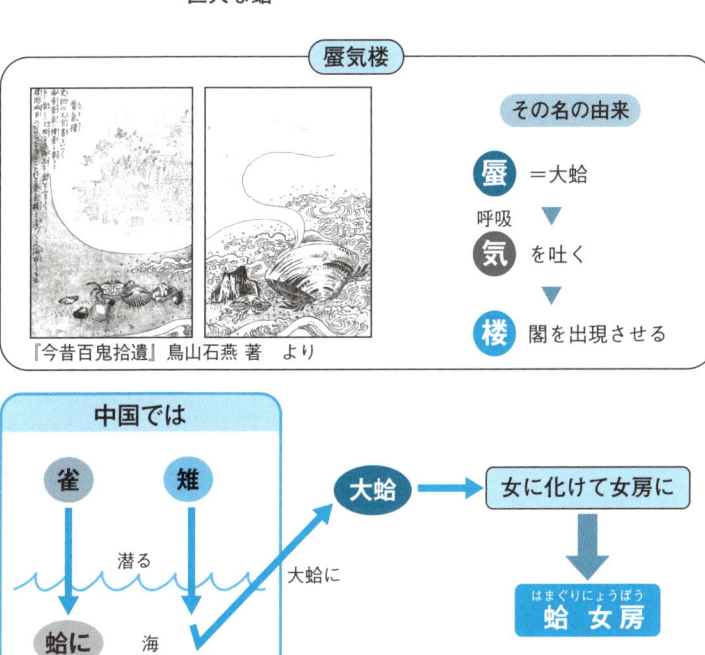

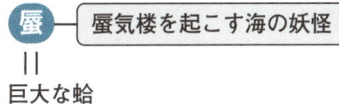

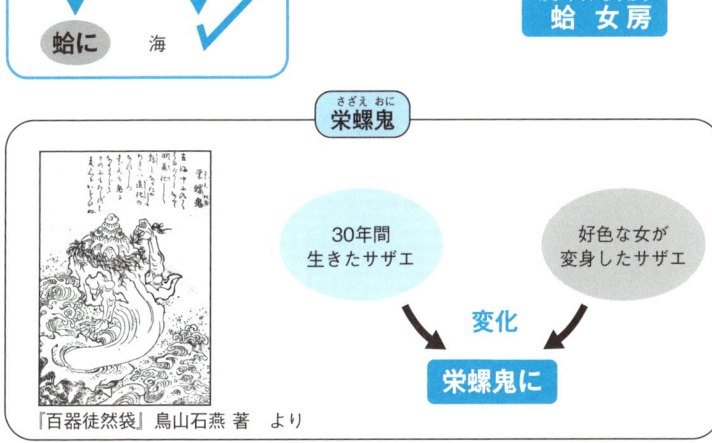

No.037

九頭竜《くずりゅう》

Kuzuryu

八岐大蛇より、さらにもう一つ頭の多い九頭竜は、大蛇と違って日本全土にその伝承を残している。

●湖の守護神となった悪竜

九頭竜とは、日本の伝承に現れる、頭が九つある竜のことだ。

ちょっと聞くと福井県にある九頭竜川や、その流域にある九頭竜ダムを想像するかもしれないが、九頭竜伝説の中心は、箱根にある芦ノ湖《あしのこ》である。ただし、日本各地に、類似の伝承は伝えられている。

箱根神社の始まりについて記してある『筥根《はこね》山縁起』には、以下のような短い話が載っている。

湖水の西の渚に、九頭の竜がいて、雲を呼び波を起こして人々を苦しめた。万巻上人《まんがんしょうにん》は人々を救わんと、湖のほとりで仏に祈誓した。すると、たちまち竜は降伏して、その姿を変え、宝珠《ほうじゅ》、錫杖《しゃくじょう》、水瓶《みずがめ》を捧げて現れた。上人は鉄鎖に呪を込めて大木に縛り付けた。その木を、梅檀漢羅樹《せんだんかんらじゅ》といい、今でも湖中にある。

この短いエピソードから、現在も残る九頭竜伝説が広まったとされる。

奈良時代、芦ノ湖がまだ万字が池と呼ばれていた頃、そこには九頭竜という毒竜が棲んでいた。九頭竜は毎年7月、池から現れて、人々を殺し、暴風雨を起こして田畑を荒らした。人々は、九頭竜の気を鎮めようと、毎年1人ずつ若い娘を人身御供として捧げるようになった。

このことを聞いた万巻上人は、村人を救うため、湖のほとりに祭壇を作り、3日3晩、一心に祈祷を行った。祈祷が終わると、湖から九頭竜が現れ、宝珠・錫杖・水瓶を捧げて、自らの罪を悔い許しを請うた。上人が、鉄の鎖で逆さ杉（湖中にある大きな木）に縛り付けた。

すると、竜は九頭の竜神へと変じた。これを見た上人は、この地に九頭竜明神を祀り、竜神の心を慰めた。そして、人身御供の習慣の代わりに、3斗3升3合3勺の赤飯を大きな櫃に入れて湖に沈めるようになった。これが今も残る7月31日に行われる湖水祭の始まりであるという。

九頭竜伝説

九頭竜 — 頭が九つある竜
芦ノ湖の伝説が中心だが日本全土に伝承を残す

名前は同じでも、九頭竜伝説と直接の関わりはない。その流域のダムも関係がない。ただし

↓

やはり 九頭の竜の伝説 がある

↑

毎年9人の人間を食っていた竜が殺されて川になった。

白山開基と関連した伝説

↓

泰澄（白山を開基した僧）は、白山山頂で十一面観音が化身した九頭の大蛇に出会い悟りを得た。そして、その時に山にいた良い蛇を九頭竜川に向かわせ、悪しき蛇を千蛇が池に封印したという。

九頭竜＝クトゥルフ

クトゥルフ神話の創作作品は、世界中にその後継者を持つ。当然、日本にも。そして、日本のクトゥルフ神話では、発音がよく似た九頭竜がクトゥルフの日本での姿だとするものがいくつかある。

もちろん、本来は何の関係もないのだが、創作作品としては面白いアイデアだ。

No.038

八岐大蛇《やまたのおろち》

Yamatano–orochi

八つの頭と八つの尾を持つ超巨大な蛇の怪物は、日本神話のヒーロー素戔嗚尊ですらまともに勝つことのできない化け物だ。

●日本神話最強の怪物

日本神話最大の怪物で、**素戔嗚尊《すさのおのみこと》**の最大のライバルでもある。

頭が八つで尾も八つ。目は赤く、背中には羊歯《しだ》や檜《ひのき》・杉が生えており、腹は血がにじんで爛《ただ》れている。そして、八つの谷と峰にまたがるほど巨大な蛇の怪物だった。

素戔嗚尊が高天原《たかまがはら》を追放されて出雲《いずも》の国を歩いていると、老夫婦と若い娘が泣いている。聞くと、毎年古志《こし》から八岐大蛇が現れて、1人ずつ娘を食べてしまうのだという。そして、今年は8人目の最後の娘が食われるところだった。

その有り様を見て、素戔嗚尊は彼らを助けてやることにした。まずは、娘を櫛《くし》に変えて髪に挿して守った。しかし、いくら神でも、八岐大蛇とまともに戦っては勝ち目はない。そこで、八つの酒船に酒を入れ、待ち構えた。

八岐大蛇は、八つの首をそれぞれ酒船に突っ込んで酒を飲み、酔っぱらって寝てしまう。そこで、素戔嗚尊は十拳剣《とつかのつるぎ》で大蛇の首を切り落とした。このため、肥河《ひのかわ》の水が真っ赤な血となって流れた。

大蛇の尻尾を切っていると、剣の刃が毀《こぼ》れた。不思議に思って尾を開いてみると、中に素晴らしい太刀があった。これが草薙剣《くさなぎのつるぎ》である。

こうして、素戔嗚尊は、出雲の国に居を定めた。彼らの子孫が、出雲の神々である。

この物語は、八岐大蛇が肥河の水霊であり、櫛名田比売《くしなだひめ》は水霊に仕える巫女であるという。そして、大蛇の生け贄とは河が毎年氾濫することを表している。とすると、素戔嗚尊による八岐大蛇退治とは、英雄によって川が治水されて氾濫を起こさなくなったことを表すのだという。

別の説では、当時の出雲は古志＝越《こし》の国（福井県から新潟県にかけての地域）と戦争をしており、その攻撃から出雲を守ったのが素戔嗚尊だという。

日本神話最大にして最強の怪物

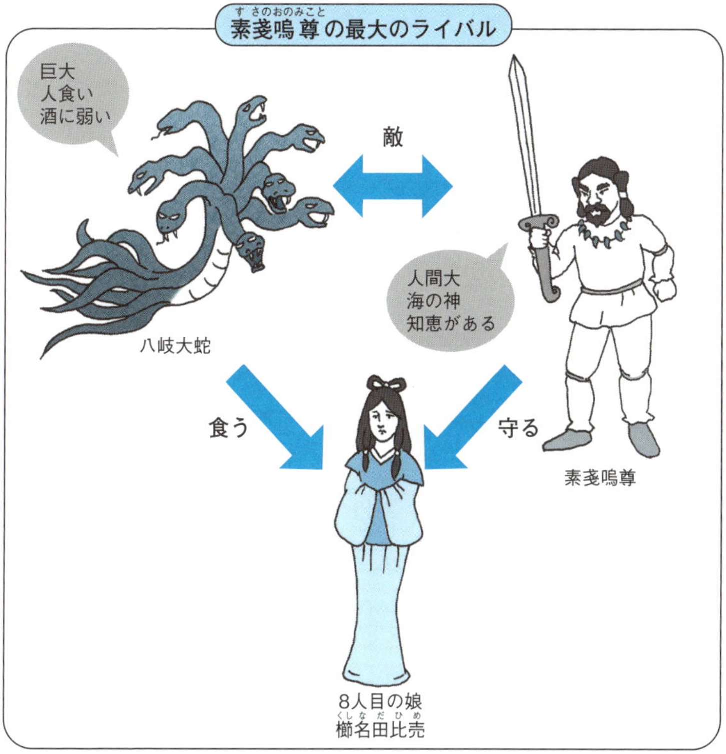

◆大蛇と酒

日本の大蛇は、常に酒で失敗する。

日本には、八岐大蛇以外にも、大蛇退治の物語がいくつかあるが、その多くは、酒に目がない大蛇が騙されて酔っぱらい、それが元で退治されるというものだ。八岐大蛇も、その例外ではない。

逆に、最も古い大蛇退治譚である八岐大蛇が酒が元で退治されたために、他の大蛇退治譚もそうなったのかもしれない。

関連項目

●素戔嗚尊→No.068

No.039

海坊主《うみぼうず》

Umibouzu

夜の海に現れる巨大な影。海に住む人々は、それを海坊主と称して恐れた。

●海の巨人

海に住む妖怪。「海和尚《うみおしょう》」「海座頭《うみざとう》」「海法師《うみほうし》」「海入道《うみにゅうどう》」などと呼ばれることもある。

頭がはげた巨人で、一説には頭だけで3間（約5m）もある。全身真っ黒で、目だけが赤く、口は大きく裂けているのだという。また、完全にのっぺらぼうで、全身黒いだけの海坊主もいるという。いずれにせよ、その怪力で船をひっくり返す。時には、船ごと人間を丸呑みしてしまうことすらあるという。

海坊主は、**舟幽霊《ふなゆうれい》**と違って、主に海が穏やかなときに現れる。ただし、海坊主の出現は、海が時化《しけ》る前兆だとして恐れられる。

海坊主が現れると、声を出してはならない。何も見ないふりをして、そのまま知らん顔をしてじっとしていると、海坊主はいずれ消えるという。また、船に乗せてある物の中で最も貴重な物を海に投げ込むと、姿を消すという伝承もある。だが、その時は無事に過ぎても、海坊主を見ると、その航海途中で必ず誰か死ぬのだという。また、海坊主を見るのは不漁の前兆だとして、漁師は海坊主を見るのを嫌がる。

海座頭は、少し異なる。座頭（盲目の按摩師・琵琶法師など）だけあって、海に現れる盲目の巨人で、杖をつき、琵琶《びわ》を背負っている。そして、海面上を歩いて現れるのだという。海座頭は、船乗りに「恐ろしいか」と問いかける。素直に「怖い」というと、姿を消すともいわれる。

海坊主は、化けることもできるという。美女に化けて人間と泳ぎを競い、調子に乗って海に入ると、そのまま人間を丸呑みにしてしまう。

海坊主は、**竜王**のような海の支配者が衰微して妖怪と化したものだともいう。このため、地方によっては、漁師が最初に捕れた魚を、海の神へと捧げる。もし、これを怠ると、海坊主に襲われるという。

海に住む人々に恐れられた巨人

海坊主 ― 海に住む妖怪
「海和尚」「海座頭」「海法師」「海入道」とも

海坊主

- 全身真っ黒
- 巨人
- 目が赤い
- 口は大きく裂けている
- 海の中から顔を出す
- 時化の前兆

海座頭

- 盲目
- 巨人
- 杖をついている
- 琵琶を背負っている
- 海の上を歩く

いろんな説がある

- 化けることもできる
  美女に化けて人間を丸呑み
- 竜王のような海の支配者が
  妖怪と化した

海坊主の正体

坊主のような姿などから、アザラシやイルカなどの海洋哺乳類がその正体ではないかと言われる。巨大さからして、マッコウクジラなどの頭を、海坊主の頭と見間違えたのではないかとも言われている。

関連項目

●舟幽霊→No.040
●竜王→No.061

No.040

舟《ふな》幽《ゆう》霊《れい》

Hunayuurei

昔の船には、わざわざ底を抜いて水を汲めなくした柄杓が乗せられていた。これは舟幽霊を恐れてのことだ。

●船を沈める幽霊たち

日本には、幽霊船ならぬ舟幽霊の伝承がある。だが、この舟幽霊、姿もやることも様々だ。ただ、彼らはいずれも海難事故などで無念の思いで死んだ人々の幽霊で、人間を自分たちの仲間に引き入れようとする。

彼らが現れるのは、新月か満月の夜、また雨や霧の夜である。基本的に、天候の悪いときに現れるのが舟幽霊だ。

最も多いのは、柄杓《ひしゃく》で船に水を汲み入れて、船を沈めてしまう幽霊だ。夜、水中から手が出てきて、「柄杓を貸してくれ」と言う。だが、言葉通りに柄杓を貸すと、それで水を汲んで船を沈めてしまうのだ。かといって、貸さなければ、船を手で持って揺らし沈めてしまう。

そこで、昔の船には、舟幽霊に貸すために、底の抜けた柄杓を用意してあった。この柄杓を貸すと、舟幽霊はいつまで経っても船を沈めることができない。いつしか、舟幽霊は悔しがりながら、姿を消すのだという。

舟幽霊には、自ら船に乗ってやってくるものもある。船は淡い光を放ち、その姿は夜なのにはっきりと見える。本来なら暗くて見えないような細部まで、見ることができる。だが、逃げようとしても、ものすごい速さで追いついてきて、舟幽霊の船員は、こちらの船縁をしっかり掴んで逃がしてくれない。そして、その上で、やはり柄杓を貸せと強要するのだ。

波に浮かぶ小さな綿のようなものもある。それが、だんだん大きくなり、目鼻ができて亡者の姿となり、さらに他の亡者たちを呼び寄せるのだ。

一説には、瀬戸内海に現れる舟幽霊は、壇ノ浦《だんのうら》で海に沈んだ平家の怨霊だともいう。壇ノ浦あたりに出る舟幽霊は、甲冑を着込んでいて、柄杓の代わりに「提子《ひさげ》を貸してくれ」と言うのだ。このあたり、ただの船乗りでなく、高貴な育ちが伺われる（提子は貴族が使っていた）。だが、どっちにせよ、貸すと船を沈められるので、底に穴の開いたものしか貸してはならない。

姿もやることも様々な幽霊たち

舟幽霊 ― 海難事故などで死んだ人々の幽霊。人間を自分たちの仲間に引き入れようとする

舟幽霊のいろいろ

●海中から腕だけ出して柄杓《ひしゃく》を借りるもの

●海中から姿を現して柄杓を借りるもの

●船に乗ってやって来て柄杓を借りるもの

●鎧を着て現れて提子《ひさげ》を借りるもの

柄杓と提子

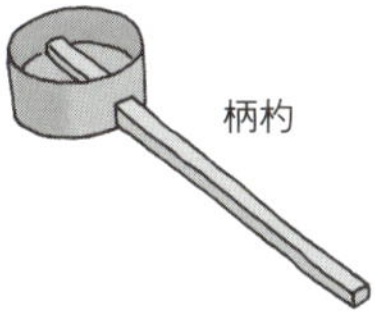

柄杓

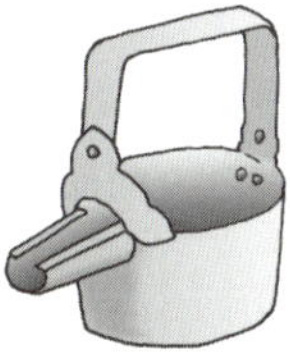

提子

柄杓は現在でも使われることがあるので分かるが、提子はほとんど使われることはない。神前結婚のときに、花婿花嫁に酒を注ぐのに使われるくらいだ。

提子は、平家の時代、貴族たちが酒を入れておいて椀に注ぐものとして、現在のお銚子のように使われていた。だから、平家の怨霊は、柄杓ではなく提子を求めるのだ。

No.041

小豆《あずき》洗い

Azuki–arai

小豆洗いは、なぜ小豆を洗うのか。小豆を洗うことで、いったい何がしたいのか。理由は分からないけれど、恐ろしいものだという。

●音の妖怪

日本全国に広まっている妖怪。小豆洗いの他に「小豆あげ」「小豆とぎ」「小豆そぎ」「小豆サラサラ」など、様々な名前で知られている。

その姿を見たものはおらず、ただ川の近くに行くと、川縁からシャカシャカと小豆を洗う音がする。その音に気を取られていると、いつの間にか川縁まで連れて行かれ水に落とされてしまう。それだけなら大した害ではないから笑っていられるが、中には「小豆磨《と》ごか、人取って食おか」とかいった声がして、水に落ちた人を殺してしまう小豆洗いもいるというから、気楽に考えない方がよい。

このような妖怪なので、その姿形を知る者はいないはずなのだが、和服を着た小さな老人の姿をしているとされる。時には、法師（僧侶）の姿の老人ともされる。

江戸時代の奇談集『桃山人《とうさんじん》夜《や》話《わ》』（正式な題名は『絵本百物語』で『桃山人夜話』は後世の人が呼んだ名前だが、なぜか一般にはこちらの名で知られている）では、小豆洗いは、越後高田の寺の小僧さんだったという。小僧さんは、身体は不自由だが、ものを数えるのが得意で、1升の小豆が何粒あるのかを一目で当てることができたほどだった。

だが、和尚が小僧さんを可愛がるのに嫉妬した円海という悪僧が小僧さんを井戸に投げ込んで殺してしまった。それからというもの、小僧の霊が毎夜毎夜寺の雨戸に小豆を投げつけ、夕暮れには川縁で小豆を洗うようになった。後に、円海の所行がばれて死罪になると、その後は毎夜、小僧と円海の霊が争う音が聞こえるようになった。その音は、深夜になると両者とも井戸に落ちて消える。だが、このような不吉な寺となったため、誰も住職になろうとする者がいなくなり、ついには焼失して失われたという。

何がしたいのかわからないけれど恐ろしい

小豆洗い — 日本全国に伝わる妖怪。「小豆あげ」「小豆とぎ」「小豆そぎ」「小豆サラサラ」とも

小豆洗いの正体

各地で異なる伝承がある。最も多いのはイタチ説

音だけの妖怪

イタチの尻尾を揺らす音？

“シャカシャカ”

イタチの鳴き声？

“ピチャピチャ”

ほかにも… 狐説　ガマ説　人間の足音説

小豆洗いの姿

『桃山人《とうさんじん》夜《や》話《わ》』の小豆洗い

和服を着た小さな老人

女の小豆洗い

多摩地方の昔話では、姑との仲が悪かった嫁が、川に身を投げて死んだ。この嫁が毎日川に現れては、小豆を洗うのだという。珍しいことに、女性の小豆洗いだ。

No.042

濡れ女

Nureonnna

ぐっしょりと濡れた美女。それは妖艶ではあるが、何か異様なものを感じさせる。

●海から来た美女

海の妖怪で、人を食うという。

妖怪絵師たちの描く濡れ女は、人頭蛇身の妖怪で、手はあったりなかったり様々であるが、足はない。海蛇が化けたものともいわれる。名前の由来は、常に髪が濡れているからだという。

一説には、蛇の身体は3町（約330m）もあり、濡れ女に襲われたらとても助からないという。

ところが、別の伝承もある。

こちらの濡れ女は、海辺に現れる赤ん坊を抱いた女だ。濡れ女は牛鬼《うしおに》の女房だとも、手下だとも、牛鬼自身が化けたものだともいう。濡れ女は、人を見かけると赤ん坊を抱かせようとし、抱いてやるとそのまま海へと入ってしまう。すると、海から牛鬼が現れるのだ。赤ん坊は石のように重く、捨てて逃げようにも手に引っ付いて離れない。哀れな犠牲者は牛鬼に食べられてしまうのだ。

これから逃れるためには、赤ん坊を抱くときに手袋をすることだ。そうすれば逃げ出すときには、手袋ごと赤ん坊を放り出せば手から離すことができ、牛鬼から逃げることもできる。

似たような女の妖怪には、磯女《いそおんな》というのがある。絶世の美女で、下半身は幽霊のように消えていたり、蛇になっていたりすることもある。

こちらも全身濡れて、髪は地面につくほど長い。海岸の岩の上に座り、じっと海を見つめている。近くを通る人がいると、呼び止めて、近寄ってきたところを、長い髪で巻き付いて生き血を吸うという。

また、濡れ女子《おなご》というものもいて、人に笑いかけてくる。笑い返すと、その相手に一生つきまとうのだという。こちらは、陸に上がっても関係なく追いかけてくる。まるでストーカーの妖怪だ。

妖艶だが異様な海の妖怪

濡れ女 — 海の妖怪で、人を食う。姿かたちはいろんな説がある

海の濡れ女

『画図百鬼夜行』より

鳥山石燕《とりやませきえん》の濡れ女

- 人頭蛇身
- 3町（約330m）もの長さ
- 常に髪がぬれている

海辺の濡れ女

子供を抱いた女 → 子供を人に抱かせる → 牛鬼に人を食わせる

磯女《いそおんな》

- 上半身は絶世の美女
- 全身濡れている
- 近くを通る人を呼び止めて生き血を吸う

濡れ女子《おなご》

- 人に笑いかけ、笑い返した相手に一生つきまとう
- 陸に上がっても追いかけてくる

◆雨のタクシー

現代の怪談で、雨の日に、びしょ濡れになった女がタクシーを拾う。だが、ふと気がつくと、シートをぐっしょり濡らしたままで、女の姿がないというものがある。

これも、もしかしたら濡れ女のバリエーションかもしれない。

水子の祟り？

現代の日本では、死産で生まれた子、流産や中絶などで生まれなかった子のことを水子《みずこ》という。この言葉は、元は戒名だ。死産で生まれた子は「○○家之水子」と記される。個人の戒名が付く場合も「○○水子」とする。ただし、この「水子」は「すいじ」もしくは「すいし」と読む。

本来の水子は、生まれなかった子供だけでなく、乳児期・幼児期に死んだ子供のことも含めるかなり広い概念だった。江戸時代の過去帳にある戒名に「○○水子」というのが見られるが、この多くは乳幼児だと考えられている。

日本の民俗では、7才以下の子供は神の子であった。だから、子供が死んでも仏にならず、神の元へ還ると考えられた。このため通常の葬儀は行わない。これは、仏になれないのとは違う。成仏させる必要もない。最初から神なのだ。

しかし、第二次大戦後の人工妊娠中絶の増加にともない、「水子」は生まれなかった子供だけに限定されることになった。このため、乳幼児の戒名も、男の子は「童子」「幼児」「嬰児」「孩児」など、女の子なら「童女」「幼女」「嬰女」「孩女」などが主流となり、「水子」が使われることはほとんどなくなった。

ちなみに、「水子供養」というものが現在では一般的なものになっているが、仏教本来の教義からして、水子を供養するということ自体、異常なことである。供養とは、仏などに供え物を捧げることをいう。これが拡大解釈されて、先祖の霊に供え物をすることが追善供養となった。さらに、水子は通常の追善供養では行われないことが多いので、わざわざ別に行うことになった。これが、寺院の商業的利益になるため、水子供養が一般化した。

まともな僧侶に問えば、水子の霊が霊障を起こすことは無いと答えてくれる。もし、「水子の祟り」を主張する人物がいたら、その人物は怪しいので信用すべきではない。ただし、水子を供養することによって、子を死なせた親の癒しにつながること、また仏教的信仰へとつながることとして、供養すること自体は悪いことではないとすることは多い。

では、悪徳自称霊能者が、なぜ水子の祟りを主張するかというと、ほぼ確実に的中するからだ。ある統計によれば、20代女性で30%、50代以上の女性では50%ほどが中絶の経験があるという。つまり、本人もしくはその母親、姉妹あたりまで広げれば、中絶した経験のない家はほとんどない。まして、流産・死産などまで含めれば、まず外れることはない。

だから、悪いことが起こったと思って相談に来る客に、「水子に心当たりありませんか？」と聞けば、まず的中するのだ。ところが、的中させられた客は、「どうしてそれを知ってるの？」と動揺し、自称霊能者を信用してしまう。

この世には、人を騙して儲けようとする質の悪い連中が多いので、注意しなければならない。あの世より、よほど危険かも知れない。

第2章
水の神と海の神

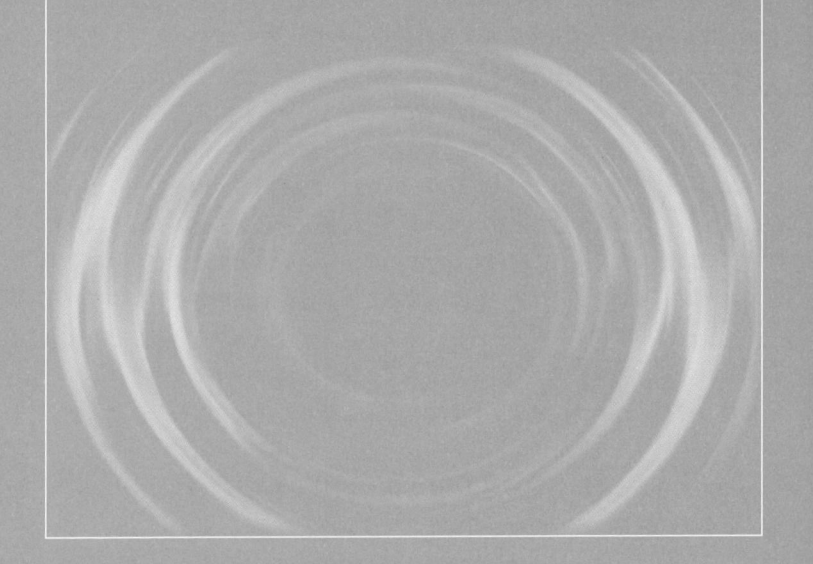

No.043

オケアノス

Oceanus

ギリシャ神話の大洋の神。本来なら河の神のはずなのだが、誤解が元で海の神になってしまった。

●世界を囲む大河

古代ギリシャでは、世界は大河に囲まれていると信じられてきた。この世界を囲む大河のことを、オケアノスといい、その神の名もオケアノスである。

当時のギリシャ人は、大西洋というものを大河だと思っていて、その大河がアフリカの南からアジアからヨーロッパと、大陸の周囲を1周しているのだと考えていた。

このオケアノスの妻が、テテュス（**ネレイス**のテティスとは別人なので注意）だ。この2柱の間には、多くの河の神と、3000人のオケアニス（河の女神）たちが生まれた。つまり、世界中の河や湖や海など、全ての水域は彼らの子供であるという。

彼らは、主神ゼウスの妻で結婚の女神ヘラを養育したことでも知られる。ティターン神族とオリュムポス神族の戦いの間、彼らはティターン神族であったものの、オリュムポス神族よりの中立を保った。そして、まだ幼かったヘラを守り育てたのはテテュスだった。ゼウスの妻として栄光ある地位について後も、ヘラはテテュスを愛し、オケアノスとの間に諍《いさか》いが起こったときも仲裁に入るなど、他の神や人間への厳しい態度とは違う細やかな愛情を示した。

オケアニス（複数形だとオケアニデス）で最も有名なのが**ステュクス**だろう。**海の老人**と呼ばれる海神ネレウスの妻ドリスもオケアニスで、その意味ではネレイスたちはオケアノスの孫にあたる。他にも、**ポセイドン**の妻アムピトリテは、ネレイスだというが、オケアニスだという説もある。ゼウスの最初の妻で、女神アテナの母であるメティス、太陽神ヘリオスの子パエトンを産んだクリュメネ、**オデュッセウス**と恋に落ちたが捨てられたカリュプソも、オケアニスの1人である。

オケアニスは大洋の娘であるが、他にも役目がある。アポロンとともに、若者を育て成長させるのも、彼女たちの役目だという。

全ての水域の作り手

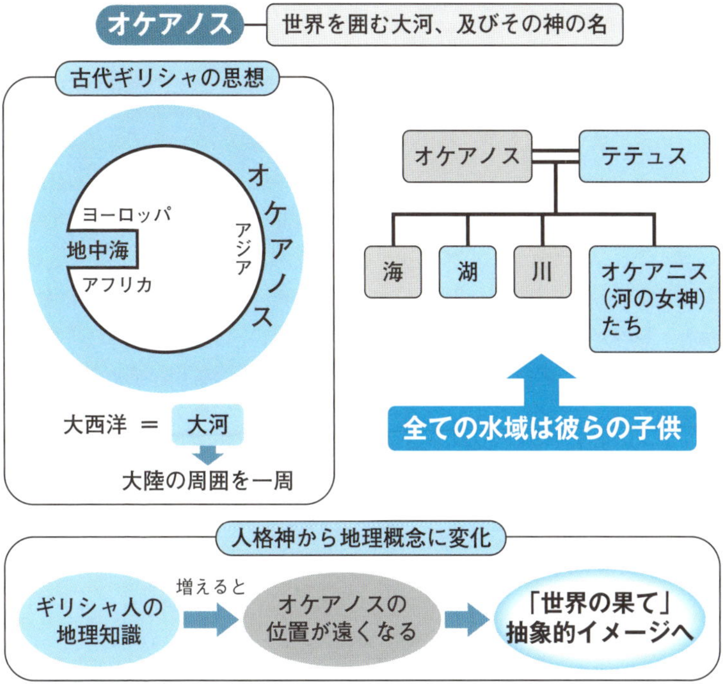

大西洋や太平洋

大西洋は英語で“Atlantic Ocean”といい、太平洋は“Pacific Ocean”という。この“Ocean”は、オケアノスから来た言葉だ。つまり、ギリシャ人が大西洋を大河だと思っていたことによって、大河の名前が大洋の名前に転じたわけだ。

さらに言えば、大西洋の“Atlantic”とは、アトランティスから来た言葉。つまり、大西洋とは「アトランティスのあるオケアノス河」という意味だったのだ。

関連項目

●ネレイス→No.006
●ポセイドン→No.044
●海の老人→No.045
●ステュクス→No.046
●オデュッセウス→No.099

No.044

ポセイドン

Poseidon

ギリシャ神話の海の神は、くじで海の支配権を得た。だがポセイドンにとっては、外れくじだったようだ。

●弟のゼウスに今ひとつ頭の上がらない海の神

ポセイドンはギリシャ神話の海の神。三つ叉の矛を持ったその姿を、絵などで見た人もいるだろう。ゼウス、ポセイドン、ハデスの3人が、地上・地下・海の三界の支配権をくじで決めたとき、ポセイドンは海の支配権を得たのだ。1等は地上でゼウスが取り、最下位の地下はハデスが取り、ポセイドンは真ん中の海を得たのだ。元々は大地の神で、海の神ではなかったらしい。

現在のポセイドンは、海だけでなく、地下の水全て（および地下から噴出した水である泉）の支配者である。

とはいえ、ポセイドンはくじで弟のゼウスに負けてから、どうも負け癖が付いたのか、いろんな勝負でよく負けている。

ギリシャのアテナイ市の守護神の座を女神アテナと奪い合ったときには、ポセイドンは三つ叉の矛で岩を砕き泉を噴出させたが、それは塩水の泉だった。それに対し、アテナはオリーブの木を生やした。アテナイの人々は、より有用なものを出してくれたアテナを守護神に選んだ（だから市名がアテナイなのだ)。袖にされたポセイドンは、怒って周辺に洪水を起こしたという。

アルゴス市でも、今度はゼウスの妻ヘラと争って敗れている。その腹いせに、今度はアルゴスの河を枯らし、海水をあふれさせた。

コリントスでは、太陽神ヘリオスと争ったが、高い丘をヘリオス、海に面した土地をポセイドンに割り当てられ、ようやく引き分けている。

ポセイドンの妻はやはり海の神のネレウスの娘アムピトリテだ。こうすることで、海の神の権限を平穏に継承したかったのだろう。だが、ポセイドンの求婚に、アムピトリテは恐れて逃げ出してしまう。だが、イルカが彼女を見つけ出し熱心に説得したので、なんとか結婚にこぎ着けることができた。ポセイドンは、感謝の印に、イルカを天に上げて星座（イルカ座）としたのだという。

三つ叉の矛を持つ海の支配者

ポセイドン ― ギリシャ神話の海の神
くじで海の支配権を得た

ネレウス
海の神の権利を継承
ポセイドン ＝ アムピトリテ

ポセイドンの支配領域

- ●海
- ●地下の水
- ●泉

元々は大地の神だった

馬の神

地震の神

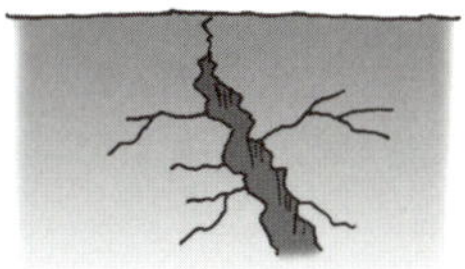

関連項目

●海の老人→No.045

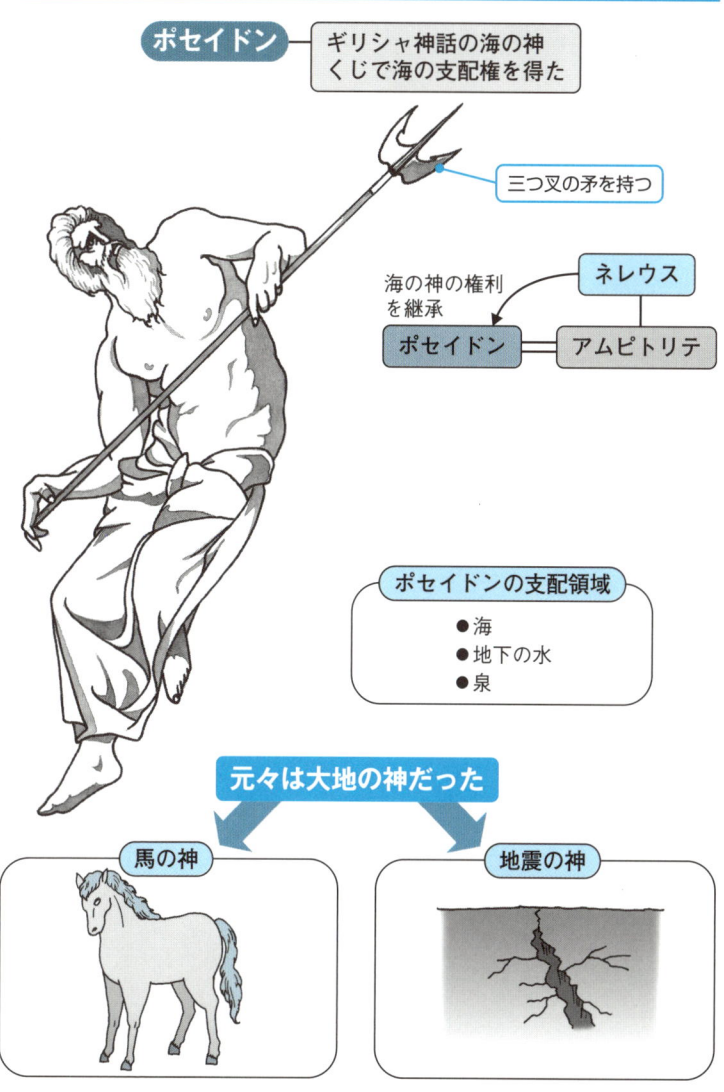

No.045

海の老人

the Old Man of the Sea

ギリシャ神話で、本来の海の神は彼らだったが、ポセイドンによってその地位を奪われてしまった。

●ネレウス(Nereus)とプロテウス(Proteus)、ポルキュス(Phorkys)

海の老人は、いずれも予言と変身の力を持つ神として知られている。

ネレウスは、ポントス（海そのものを表す非人格神）とガイアの子で、**ポセイドン**よりも古い海の神だ。穏やかな内海（エーゲ海）の神である。

だが、ポセイドンが海の神になったので、その権限をうまく継承させるためか、彼の娘アムピトリテがポセイドンの妻になった。こうすることで、ポセイドンがネレウスの娘婿として、平穏に海の神の権限を継承した。ポセイドンの息子にネレウスがいるが、こちらは”Neleus”なので、発音が違う。

ネレウスには、50人もの娘がいる。海のニンフといわれるネレイデス（**ネレイス**たち)だ。ポセイドンの妻アムピトリテも、ポセイドンもゼウスも狙っていた美貌のテティスもネレイスだ。

同じように「海の老人」と呼ばれる海神にプロテウスがいる。これまた古い海の神だが、ポセイドンによって格下げされて、ポセイドンの息子として海棲生物を司る神になっている。

プロテウスは、巨人のプロメテウスが隠していた秘密（テティスから生まれる子は父より偉大になる＝ゼウスが子を産ませれば、ゼウスはその子に地位を奪われる）を明かして、ゼウスの地位を安泰にさせた（ゼウスはテティスを諦め、ごく普通の人間の妻にした。ちなみに、彼女が産んだのが人間の英雄アキレスである)。

ところが、このネレウスとプロテウスが同じ神だとする伝承もあるのだ。神々なのだから、息子の娘を妻にしても構わないのかもしれないが、ちょっと無茶すぎるだろう。

ポルキュスは、自らの神話は少ないが、ゴルゴン、**スキュラ**、エキドナ、ラドン、トリトンなど、水に関係する怪物たちの父として知られている。

地位を奪われた本来の海神

海の老人 ― 予言と変身の力を持つ神々
みんな似たような姿をしている

ネレウス

ネレイスたちの父
↑
50人のネレイスたち
アムピトリテ（ポセイドンの妻）
テティス　など

プロテウス

海棲生物を司る
↑
オットセイ　など

ポルキュス

水の怪物たちの父
↑
ゴルゴン
スキュラ
エキドナ
ラドン
トリトン　など

関連項目

●ネレイス→No.006
●スキュラ→No.026
●ポセイドン→No.044

No.046

ステュクス

Styx

ステュクスは冥界を巻く河なので、死者の女神か何かと誤解されやすいが、あくまでも河の女神だ。

●オケアニスたちの長姉

大洋の神**オケアノス**とテテュスの娘たちは、オケアニス（大洋の娘）と呼ばれる河の女神たちだ。全部で3000人もいるという（複数形だとオケアニデスという）。

その長女が、地下の河の女神ステュクスである。ステュクス川は地下の冥界を9重に巻いて流れている大河で、生者の世界と死者の世界を峻別する。彼女の宮殿は冥界にあり、銀の柱の立つ壮麗な宮殿だ。

彼女は、夫パラスとの間にゼロス（栄光の神）、ニケ（勝利の女神）、クラトス（威力の神）、ビア（腕力の女神）などの子を作った。

神々の長ゼウスがティターン神族と戦ったとき、子供たちを連れて、最初にゼウスの元に馳せ参じた（父オケアノスの助言に従ったのだともいう）。そして、戦争でも、彼女の子供たちは大いに戦い、ゼウスの勝利に決定的な貢献をした。

このため、彼女の子供たちはゼウスの親衛隊のような立場にあり、常にゼウスのもとに起居して、ゼウスの命でその力を振るう。

また、彼女自身は神々の誓いを司る名誉を得た。神々が誓いを行うときには、イリスという女神がステュクス川の水を水差しに汲んできて酒に注ぎ、それを飲み干しながら行われる。もし誓いを破ったら、神であろうとも1大年（通常の暦で9年）の間眠りにつき、その後9大年（81年）の間オリュムポスを追放される。

ステュクスの水は、猛毒だとも、不死をもたらす神の水だともいわれている。**ネレイス**のテティスは、自分が産んだ人間の英雄アキレスをステュクス川に漬けて、不死身にした。ただ、その時彼女が握っていた踵《かかと》の部分だけは川の水がかからなかったので、弱点として残った。後に、アキレスは踵を弓で射られて死ぬ。これが有名なアキレスの踵である。

地下の河の女神

ステュクス — 大洋の神オケアノスとテテュスの長女
生者と死者の世界を分ける河の女神

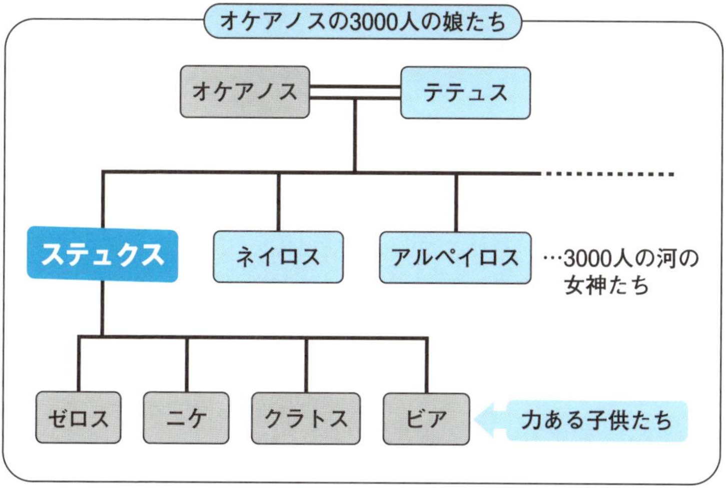

二つのステュクス川

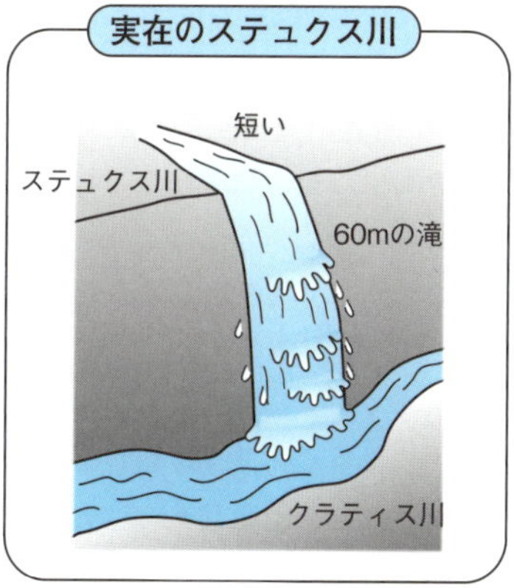

関連項目

- ●ネレイス→No.006
- ●オケアノス→No.043

No.047

アケロオス

Achelous

ギリシャ最大の英雄と、女を巡って争った神。神とはいえども、さすがにヘラクレスには勝てなかった。

●ギリシャ最大の河の神

ギリシャ北西部を流れてコリントス湾に流れ込む、ギリシャ最大の河アケロオス川の神が同名のアケロオスだ。**オケアノス**とテテュスの子の最年長者とされる。ただし、太陽神ヘリオスと地母神ガイアの子という説や、海神**ポセイドン**とガイアの子という説もあり、はっきりしない。

ギリシャ神話の世界では、河の神には男神もいれば女神もいる。アケロオスは、男神である。

英雄ヘラクレスが冥界に行ったとき、彼は死者であるメレアグロスから、妹の美しさを聞かされ、また妹のことを頼むと言われた。ヘラクレスは、その願いを受けて、妹と結婚すべくカリュドン（メレアグロスの故国）へと出かけた。

ところが、その妹デイアネイラに求婚していたのが、アケロオスである。

そこで、2人は決着を付けるべく、レスリングの試合をすることになった。アケロオスは、変身の力で雄牛になって戦ったが、ヘラクレスに角を折られてしまい負けてしまった。

アケロオスは、角を取り返すために、ゼウスに乳を飲ませた山羊アマルテイアの角（その角からは、**ネクタル**やアムブロシアがあふれ出すという）を与え、自分の角と交換してもらった。

ただし、後から考えると、ヘラクレスが勝ったのは、彼にとっての不幸だった。ヘラクレスの敵であるケンタウロスのネッソスが死ぬとき、デイアネイラに「もしも夫の愛が冷めたなら、自分の血をヘラクレスの下着に浸して着せれば愛は戻る」と教えた。彼女は、ヘラクレスに愛人がいることを知ったとき、ネッソスの言葉に従った。ヘラクレスがその下着を着ると、全身が燃えだして焼け死んだ。自分が夫を殺してしまったことを知ったデイアネイラは、自殺したという。

アケロオスとヘラクレスの戦い

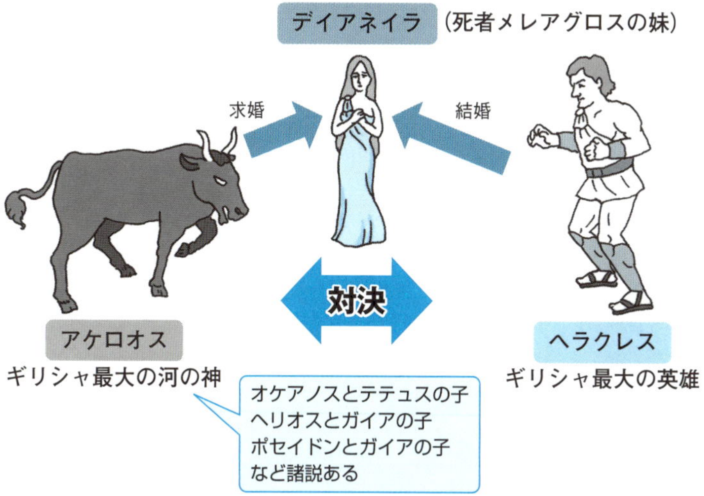

ギリシャ最大の川

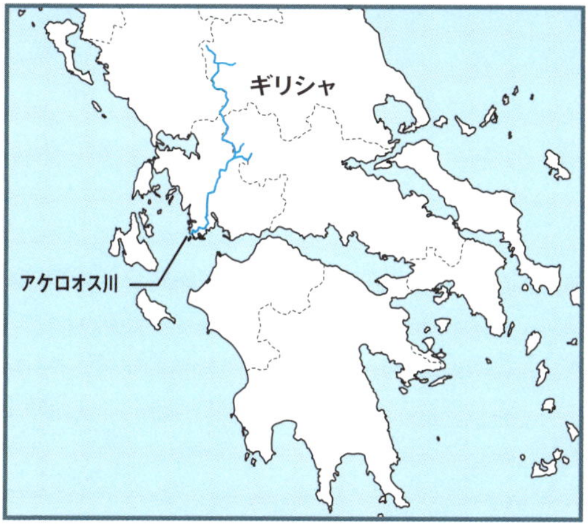

関連項目

●オケアノス→No.043
●ポセイドン→No.044
●ネクタルとソーマ→No.080

No.048

ニョルズ

Nojor

海に生きる人々を守るニョルズは、信者を富ませてくれる蓄財の神でもある。

●海洋産業の神

北欧の海の神には、**エーギル**とニョルズの2柱がいる。エーギルが荒々しい海の自然の神であるのに対し、ニョルズは海における人間の営みを守る神である。ニョルズの館自体、ノーアトゥーンといい、これは「船着き場」という意味なのだ。だから、彼は船、交易、略奪行、造船、港、漁業などといった、海に関する産業の守護神である。

彼は、元々はアース神族（オーディンを長とする神々）と敵対していたヴァン神族の長だった。だが、二つの神族が和睦したとき、人質としてアース神族に属することになったのだ。

彼も美しい神であり、特に脚の美しさは神々一といわれる。

巨人の娘スカジは、自分の父親である巨人の王シャツィが神々に殺されたため、完全武装して神々の元に復讐に来た。そこで、神々は彼女に許しを請い、賠償をしたいと言った。

スカジは、神々の中から夫を選ぶことと、自分を笑わせることを賠償とした。これに対し、神々は、脚だけを見て夫を選ぶようにと決めた。

笑わせる方は、ロキが成功した。ロキは、山羊の髭を自分の陰嚢に結びつけ、ロキが動くと、山羊が苦しんで鳴き、山羊が動くとロキが痛がって呻いた。この情けない様を見て、スカジは思わず笑ってしまった。

夫選びの方は、彼女の前に神々が脚だけを見せて並んだ。スカジは、美しい脚の神を見て、これぞバルドル（オーディンの息子で最も美しい神）と思い、夫を指名したが、それは実はニョルズだった。

しかも、彼女は山の宮殿スリムヘイムを愛し、ニョルズは海の神なので海岸沿いのノーアトゥーンに住む。彼女はノーアトゥーンに耐えられず、結局9日ノーアトゥーンに、9日スリムヘイムに住むということにした。だが、それすらも耐えられなくなり、結局彼らは別居することになった。

海に生きる人間を守る海神

ニョルズの特徴

- 海の神
- 富貴の神
- 豊穣神

ニョルズの館

ノーアトゥーン
(船着き場)

ニョルズの系図

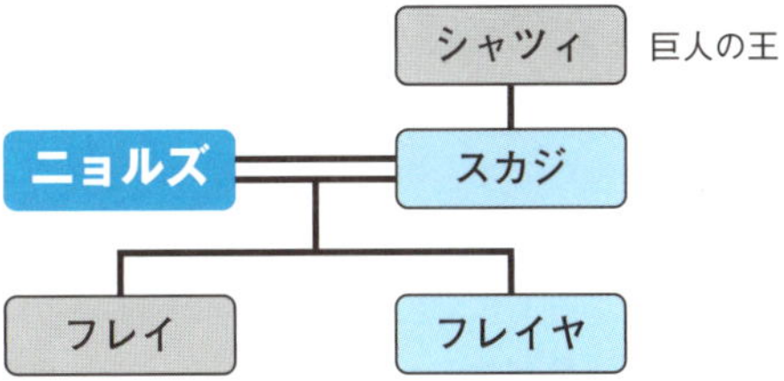

フレイとフレイヤは、ニョルズとその妹の間の子だという説もある

❖性転換したニョルズ

ローマの歴史家タキトゥスの著書『ゲルマーニア』には、ゲルマンの大地の女神ネルトゥスについてわずかに語っている。ところが、このネルトゥスが北欧神話に取り入れられたものが、ニョルズだという説がある。

なぜ、地母神が男性になり、しかも海の神になったのかは、よく分かっていない。ただ、この言葉の元の意味が「力」という意味合いの言葉だったことが、男性化につながっているのではとも考えられている。

関連項目

●エーギル→No.049

No.049

エーギル

Aegir

荒々しき海の神エーギルは、財宝と船乗り自身を狙って、船を遭難させる恐ろしい海の神だ。

●荒々しき海の神

北欧神話にだって、当然のことながら海を治める神は存在する。バイキングたちにとって、海の神は、オーディンに匹敵するくらい重要な神なのだ。

エーギルは、**ニョルズ**と違って、荒々しい海の自然を司る神で、嵐を起こすのもエーギルだという。ちなみに、兄弟には、炎を司るロギと、風を司るカーリがいる。ギュミルという神も、エーギルの別名だとされるが、この点にはまだ確証はない。

白髪で白髭の男性で、本当は神ではなく、神々に敵対する巨人の一族だとされる。とはいえ、神々のために酒宴を催したりするなど、その立ち位置は神々に近い。世界の終わりの神々と巨人の戦い（ラグナロック）においても、彼が参戦したという話はないので、中立を守ったのだと思われる。

彼の宮殿は、海の底にあり（西方のフレーセイ島という説もある）、財宝に満ちあふれているという。あまりの黄金の輝きがまばゆいので、他に全く明かりが必要ないほどだ。彼がこんなに富貴なのは、海に沈んだ財宝が、全て彼の館にやってくるからだ。時には、財宝欲しさに、エーギル自身が船を沈めることもあったという。このため、大波のことを「エーギルのあぎと」ということもある。

海で死んだ者は、全てエーギルの館に招かれる。ただし、財宝好きのエーギルの不興を買わないため、船乗りや漁師は海に出るときに少しの金銭をポケットに入れておくという習慣もあった。

エーギルには、フィマフェングとエルディィルという、優れた2人の召使いがいた。だが、ある時、エーギルの宴会の席で、彼らが神々に賞賛されていた。それを面白く思わなかった神々の裏切り者ロキは、フィマフェングを殺してしまう。その上で、ロキは宴席の神々を次から次へと罵倒し、宴会を台無しにしてしまった。

荒々しく恐ろしい海の神

エーギルの特徴

- 海の神、特に荒々しい自然の海
- 海の死者を集める
- 海で沈んだ財宝を所有する

エーギルの館

- 海の底にある
- 財宝で満ちあふれている

エーギルの妻子

エーギル ＝ ラーン（奪い去る者）

9人の波の乙女たち

- ヒミングレーヴァ（天の輝き）
- ドゥーヴァ（沈める波）
- ブローズグハッダ（血まみれの髪）
- ヘヴリング（高く登るもの）
- ウン（泡の波）
- フロン（重なる波）
- ビルギャ（取り囲むもの）
- バーラ（わずかな泡）
- コールガ（冷たい波）

彼女たちは、波間から船乗りを誘い、海に沈めてはエーギルの館へと誘う。特に、妻のラーンは、人々を絡め取る網を持っており、それで船の乗組員を一掃してしまうという。

関連項目

●ニョルズ→No.048

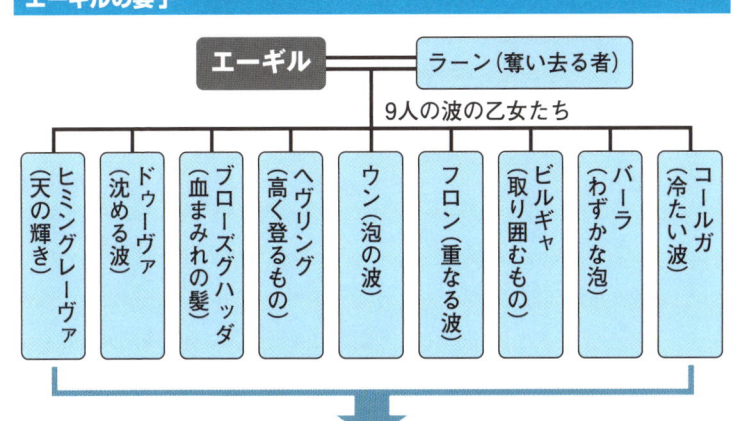

No.050

リル

Lir

気まぐれで怒りっぽく、暴れ者の海の神だが、それゆえに本人も子供も悲惨な結末を迎える。

●荒ぶる海の神

ケルト神話の海の神。ただし、川や泉といった、あらゆる水域を司る王でもある。ケルトの神といえば、ダーナ神族だが、リルは、それとは違って妖精の一族だった。

悪神ではないものの、その性格は気まぐれで怒りっぽく、まさに海のように、くるくると移り変わる。

リルの神話は、リル本人より、その子供たちの悲劇が有名だ。

リルの妻エーヴは、美しく気立てが良く、リルも彼女を愛した。だが、2組の双子を産んだとき、産褥で彼女は死んでしまう。そして、代わりに妹のエーヴァがリルの妻となった。

だが、彼女は自分が愛されていないと思い込み、姉の子供たちを殺すことにした。しかし、さすがに甥姪に剣を振るうことはできなかった。そこで、ドルイドの杖で打って白鳥に変えてしまった。

だが、これがばれて、エーヴァはその父であるボォヴによって、悪霊に変えられて永遠にさまようことになった。

だが、子供たちの呪いは解けない。リル（父）とボォヴ（祖父）は、300年間、彼らの元に足繁く通った。しかし、そこから300年間、子供たちは荒波の中で暮らさねばならなかった。そして、それが終わって陸に戻ってきたとき、リルの城は残骸と化していた。リルは、別の孫イルブリーヒーに滅ぼされていたのだ。

子供たちは、さらに300年間悲しみの中で暮らしていた。そして、エリン（アイルランド）にもキリスト教の光が現れた。その光のおかげで、彼らは再び人の姿に戻ることができたが、その姿は900才の老人だった。

しかし、彼らは最後に洗礼を受けることができ、神の元へと召されていった。もはや、エリンも神々の時代を終え、キリストの時代となっていたのだ。

暴れ者の海の神とその子供たち

リル
ケルト神話の海の神
あらゆる水域を司る王

＝

リルの妻たち
- イウェリッズ
- カフリーン
- エーヴ
- エーヴァ

（エーヴとエーヴァは姉妹）

イウェリッズ → マナナン・マクリル

エーヴ → 悲劇の2組の双生児たち

エー	フィヌークラ	フィアックラ	コン

↓

叔母のエーヴァによって呪いにかけられる

↓

900年間悲しみの中で暮らす

↓

再び人の姿に戻るが、その姿は900才の老人

↓

最後に洗礼を受け神の元へ召される

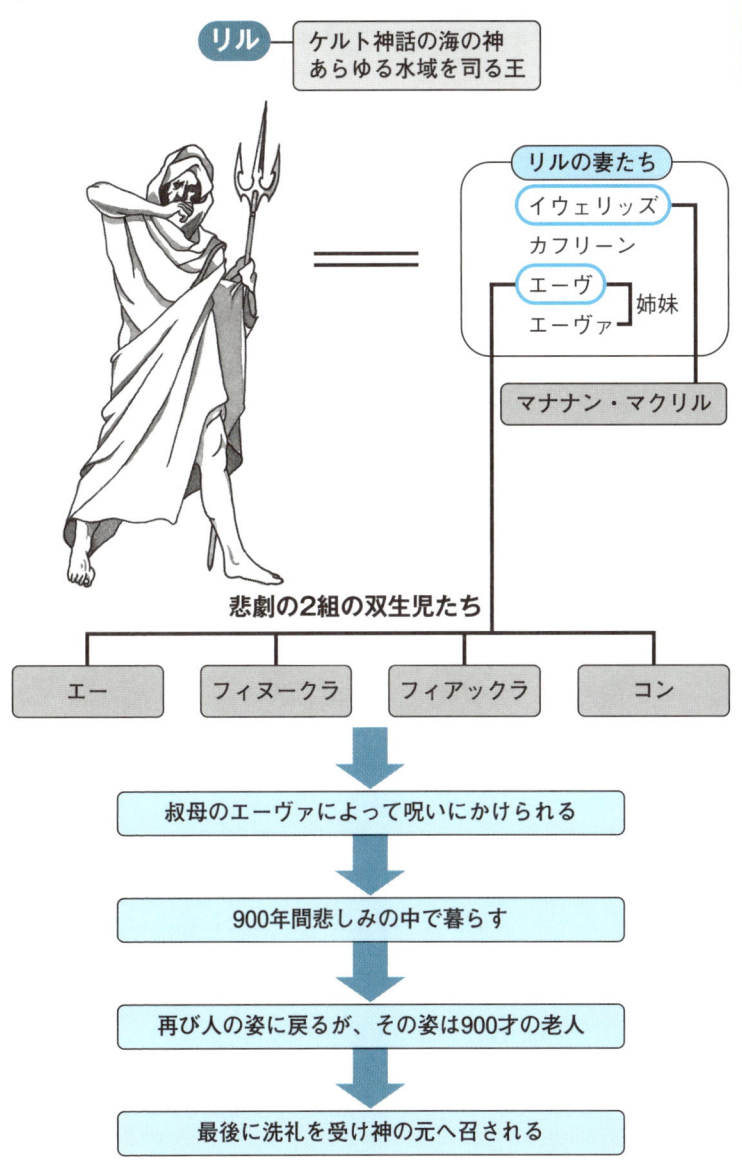

No.051

マナナン・マクリル

Manannan Mac Lir

アイルランドに残るケルト神話の妖精の王は、海上に生きる人々の守護神でもある。

●ケルト神話の妖精王

マナナン・マクリルは、ケルト神話に登場する、偉大なる魔力を持つ妖精の王だ。また、水夫や漁師の守護者として漁業や貿易を守ってくれる。

彼は三本足であり、それゆえに誰よりも速く走ることができた。

マナナン・マクリルの宮殿は、イギリスとアイルランドの間にあるマン島にある。そもそも、マン島という名前自体マナナンの島というところから取られたものだ。

彼は、偉大な魔術師でもあり、多くの魔法の品を持っている。

姿を消したり、変身したりできるマント。決して壊れることのない黄金のチェインメイル（鎖鎧）。周囲を明るく照らす宝石がはめられた黄金の兜。地水火風を自由に操ることのできるドルイドの杖。その前で偽りを3度言うと砕け、真実を3度言うと元に戻るという真実の器。振ると美しい音楽を奏でて、あらゆるものを1日の間眠りにつかせるという眠りの杖。「黄の柄」「赤き投げ槍」と呼ばれる2本の投げ槍。「小さき怒り」「大いなる怒り」という2振の魔剣。

マナナン・マクリルは、「常若の国」の王でもある。常若の国は、大地の下にあるとも、海の向こうにあるとも伝えられる妖精郷である。

彼は、人間の前にエリン（アイルランド）を支配していたダーナ神族が人間に敗れたとき、彼らに常若の国に移り住まないかと提案した。ダーナ神族が、この提案をありがたく受けると、彼らに三つの贈り物をする。一つが、永遠に若さを保つ酒。次がいくら殺して食べても、翌朝には生き返る豚。最後が、人間の目から姿を隠すフェフ・フィアザ魔術である。

こうして、エリンの神々は妖精郷の住人となり、いつしか神から小さき妖精へと姿を変えていった。エリンの妖精たちは、神々の子孫なのだ。

海上に生きる人々を守る妖精王

マナナン・マクリル ― ケルト神話の妖精の王
水夫や漁師の守護神

三本足
誰よりも速く走る
ことができる

魔法の品々

- 黄金のチェインメイル
- 黄金の兜
- ドルイドの杖
- 真実の器
- 眠りの杖
- 2本の投げ槍 ＜「黄の柄」「赤き投げ槍」
- 2振の魔剣 ＜「小さき怒り」「大いなる怒り」

マナナン・マクリルの宮殿マン島

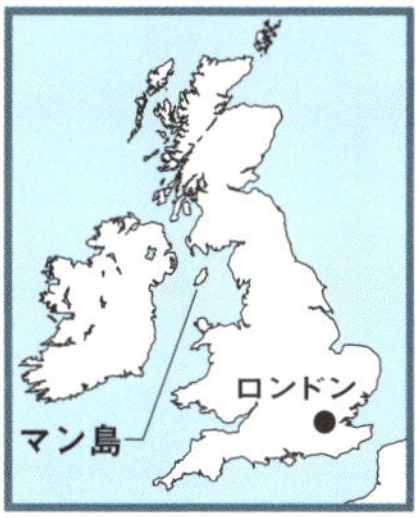

マン島

イギリス王室の所属だが、れっきとした独立国

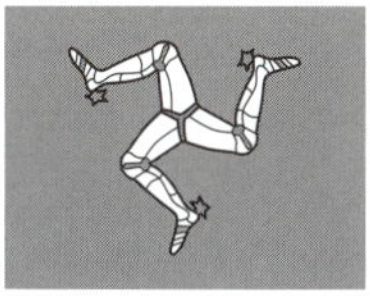

国旗はマナナン・マクリルの三本足を描いたもの

❖ ～の息子

マナナン・マクリルと呼ばれるが、彼の名は、リルの息子マナナンという意味だ。アイルランドやスコットランドには、元々名字というものが無かった。その代わりに、「～の息子」という意味で、「マク～」というものを使った。だから、「マクドナルド」は「ドナルドの息子」だし、「マッカーサー」は「アーサーの息子」なのだ。

それが、いつの頃からか名字に転用された。欧米人の名字で「マク～」という名字の人は、まず確実にアイルランドかスコットランド系の人だ。

No.052

ティアマト

Tiamat

神々の母にして、世界を滅ぼす邪龍、そしてまた世界そのものの材料ともなった不思議な存在だ。

●恐ろしき母神

バビロニア神話の始原の女神であるとともに、世界を滅ぼす邪龍でもある。邪龍としては、動物と蛇と鳥の混じったような不気味な雌龍だという。

バビロニア神話の書『エヌマ・エリシュ』によれば、世界の始まりには、甘い水のアプスー、塩水のティアマト、そしてその表面を漂う霧のムンムの三者しかいなかったという。

そして、アプスーとティアマトの婚姻によって、最初の神ラフムとラハムが生まれた。そして、ラフムとラハムからアンシャルとキシャルが、彼らからアヌとエアが生まれた。こうして、神々が生まれ世界は騒がしくなった。

ところが、自分たちが生んだ神々の騒がしさがうるさくなったアプスーとティアマトは、ムンムの言葉を聞いて、自分たちの子孫である神々を滅ぼすことにした。

だが、最初の試みは、エアによって邪魔され、アプスーは死んでしまった。

それでも、ティアマトは諦めなかった。新たな夫キングーを得た彼女は、彼に世界の支配者の印である「天命の書板」を与え、彼との間に恐ろしい怪物たちを生み出したのだ。

この攻勢に神々は恐怖した。誰が、世界を生み出した母であるティアマトに勝てるのだろうか。その時、アンシャルがエアの息子マルドゥックに無敵の武器を与え、戦わせることを提案した。マルドゥックは、自分が神々の第1位であることが認められれば、その任に就こうと返事した。

そして、弓と三つ叉の矛と棍棒と網と風を武器にしてティアマトと対峙した。ティアマトがマルドゥックを一呑みにしようと口を開けたとき、彼は口の中に風を送って閉じられなくした。そこから腹の中めがけて弓を射て、ティアマトを殺した。そして、キングーの天命の書板を奪って自分の胸に付け、世界の支配者の地位を安泰にした。

不思議な存在の母神

ティアマト — バビロニア神話の始原の女神
世界を滅ぼす邪龍

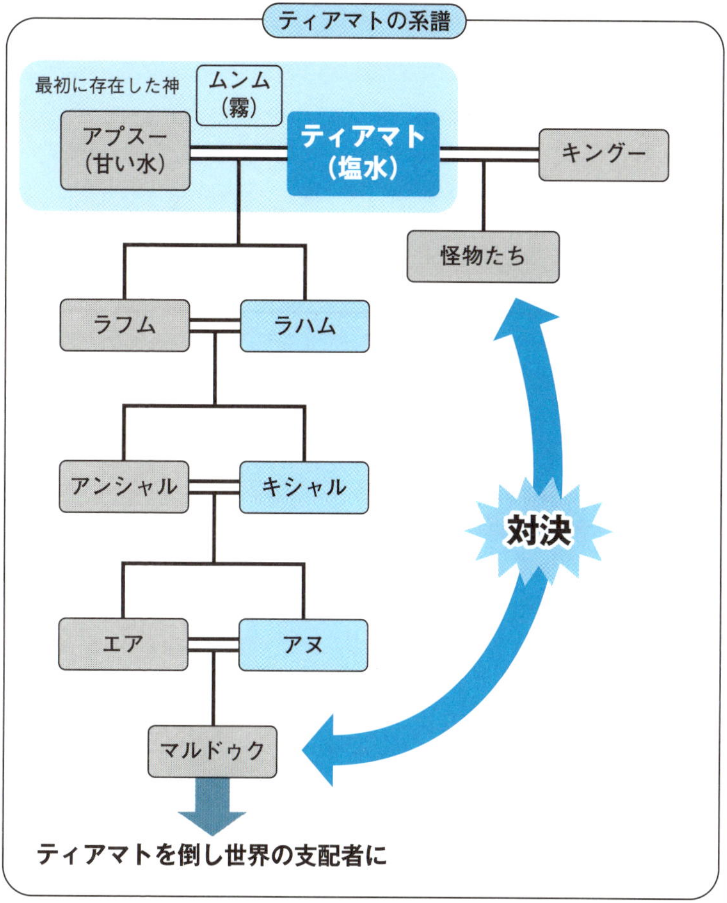

マルドゥクは、ティアマトの死体を二つに裂き、片方を天空に、もう一方を地面や海底にして世界を作った。
そして、キングーの血を原料に人間を作り、世界に住まわせた。
ティアマトの死は、世界の始まりでもあったのだ。

No.053

バアル

B'1

バアルといえば、悪魔の首領の１人として有名だが、これはユダヤ人によって歪んで伝えられたものだ。

●勝手に悪魔にされた水の神

バアルといえば、蠅の王ベルゼブブ（バアルゼブルが転じてベルゼブブとなった）という名前で、悪魔の代表格の1人として有名だ。地獄の大公爵として知られる地獄軍の大将である。

だが、バアルは元々悪魔だったわけではない。

カナン人（ユダヤ人よりも先にイスラエルに住んでいた人々。『旧約聖書』によれば、ユダヤ人は彼らを皆殺しにしてイスラエルを占領した）などシリア周辺に住んでいた人々が信仰する、嵐と雨の神がバアルだった。また、治水・利水を司る神だったともいう。

バアルとは、元々は「主人」という意味の普通名詞だ。だが、ウガリト（1928年に発見された古代都市）の神話においては、嵐の神「ハッド」のことを、しばしば「バアル」と呼ぶ。そして、いつしかハッドの別名として、さらにはハッドを表す固有名詞としてバアルが使われるようになった。

ウガリト神話によれば、バアルは最高神エルとアシラの息子だ。右手には矛、左手には稲妻を持つ戦士である。だから、バアルはしばしば「アリヤン・バアル」と書かれる。「アリヤン」とは「勝利者」とか「強き者」といった意味だ。

彼は、竜神ヤム・ナハル（海の神であり、荒ぶる水を表す）を倒し（自然の水を治水して、利用できる水に変える）、治水の神であることを示している。秩序の混沌への勝利という、神話の基本をおさえた物語だ。

また、死の神モート（荒廃した土地）を倒し（慈雨によって、豊かな実りを与える）、雨の神であることも示す。まあ実は、バアルはモートに負けていったん死んだ。モートを倒したのは、その妹にして妻のアナトなのだが。アナトに生き返らせてもらったバアルは、モートと再戦したが、痛み分けだったようだ。

悪魔にされた水の神

バアル ― 蝿の王ベルゼブブ
悪魔の代表格

元々は悪魔ではない

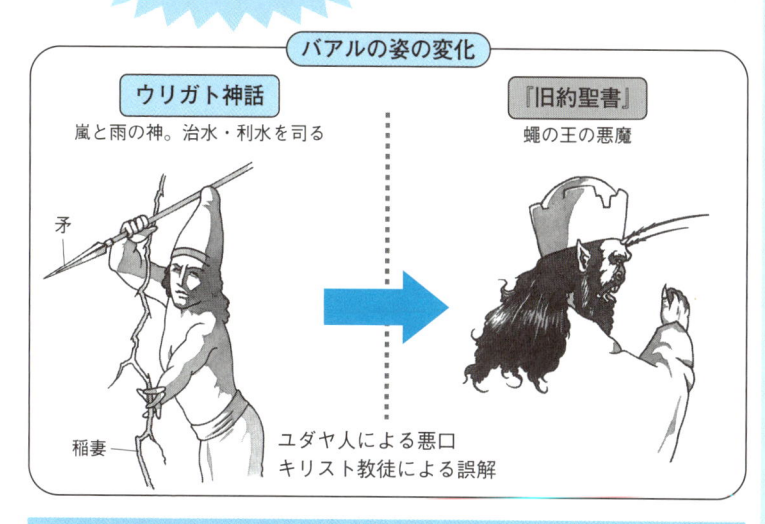

バアルの姿の変化

ウリガト神話

嵐と雨の神。治水・利水を司る

『旧約聖書』

蝿の王の悪魔

ユダヤ人による悪口
キリスト教徒による誤解

◆邪神としてのバアル

ウガリト神話では、ごく普通の英雄神であるバアルなのだが、不幸だったのは近隣にユダヤ人がいたということだろう。

ユダヤ人は、彼らの唯一神以外の神を全て偶像として悪く書いた。そして、彼らの一番近くにあって、最も盛んだったのが、バアル信仰だった。

おかげで、バアルは『旧約聖書』の中でひどい書かれようだ。実は、『旧約聖書』詩編など、バアルの賛歌などを参考にヤハウェの賛歌を作ったもので、その意味ではバアルのほうが元ネタなのだが。

しかも、その『旧約聖書』がキリスト教の経典ともなり、そのキリスト教が世界じゅうに広がってしまったために、偶像としてのバアルは、非常に有名になってしまった。そして、そのような経緯を知らないキリスト教徒は、聖書の中から悪魔の名前を拾い出すときに、バアルも利用してしまった。

おかげで今では、悪魔の親玉の1人にまで貶められてしまった。

バアル本人が聞いていたら、名誉毀損だと訴えたくなるだろう。

No.054

ヘケトとクヌム

Heqet & Khnum

エジプト神話の水の神は女性である。だが、川の神は男性である。この夫婦神で、エジプトの水は司られている。

●獣頭の神々

ヘケトはエジプトの水の女神。蛙の姿をしているか、さもなければ蛙の頭の女性の姿をしている。羊の頭をした神クヌムの妻でもある。

というのも、古代エジプト人にとって、蛙の生殖過程は大変不思議なものだったからだ。大量の卵を産むところから、多産の象徴ともなった。また、蛙の姿は、胎児に似ていることからも、出産の象徴ともなった。また、オタマジャクシという過程を経ることから、変化して生まれる象徴でもある。

これらのことから、ヘケトは水の女神であるとともに、出産の女神としても崇拝された。

ヘケトは、古代ギリシャでは地母神ヘカテとなった。後にヘカテは月の神ともなった。さらには、幽霊たちを司る冥界の神ともなった。このためか、彼女は、十字路や墓場に住む。さらには、魔術の神としても信仰された。魔女が蛙を使うのは、このためだともいわれる。

夫であるクヌム神は、こちらはナイル川の神として知られている。より正確には、エジプト南部アスワンにあるナイル川の中州の島エレファンティネ島の神であった。そして、古代エジプト人にとって、この島こそがナイルの源泉だったのだ。

クヌムは羊の頭をした男神で、紀元前3000年ごろから存在する神であり、キリスト教の発生していた紀元1世紀まで信仰されていたことは確かである。

また、ろくろで人間を作ったのもクヌムであり、それに命を吹き込むのが妻であるヘケトの仕事とされる。

ナイル川の神であるせいか、エジプトがナイル川沿いに支配地域を広げていくと、ヌビアにもスーダンにもクヌムの神殿が建てられた。幸いというか、その地域には羊の頭のデドゥン神が信仰されていたので、これらは同じ神として習合されるようになった。

エジプトの夫婦神

ヘケト ＝ 夫婦 ＝ クヌム

ヘケト：エジプトの水の女神

クヌム：ナイル川の神

ヘケトの姿

蛙、もしくは蛙の頭

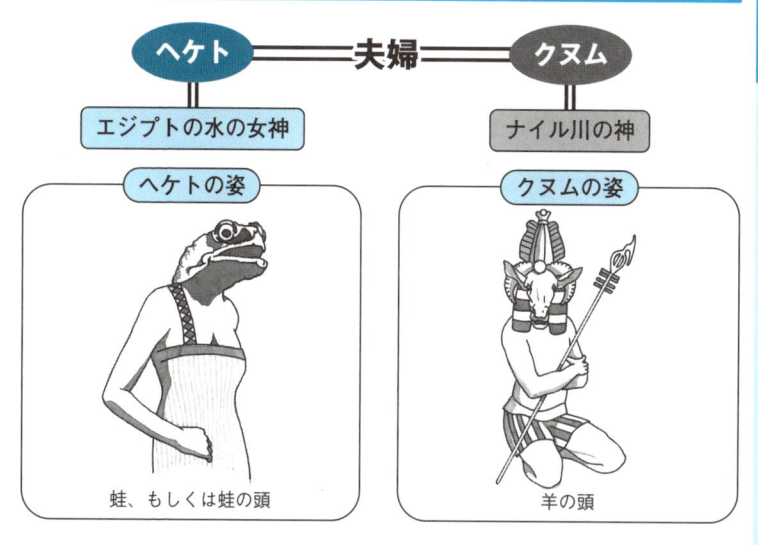

クヌムの姿

羊の頭

エジプトの世界観

原始の水ヌン ＝ 大地を浮かばせてある巨大な海

- 大地の周囲
- 大地の底
- ナイル川

❖元から夫婦ではなかったヘケトとクヌム

エジプトの宗教では、新たな地方を征服すると、その地の神はどうなるのだろうか。

征服者の神と共通点がある場合、それは名前こそ違えども同じ神なのだということになる。各地の雌ライオンの女神は、牝牛の女神ハトホルに同化させられている。また、名前を吸収することもある。プタハ神は、近隣のソカル神を吸収したため、プタハ＝ソカルと呼ばれることがある。

だが、被征服者がそれなりに有力だったりした場合、その神を征服者のパンテオンに組み込むことがある。この時、よくあるのが、夫婦となったり親子となったりすることだ。ヘケトとクヌムも同じで、元は別々の神だったが、ヘケトがクヌムの妻になったのも、この理由だという。

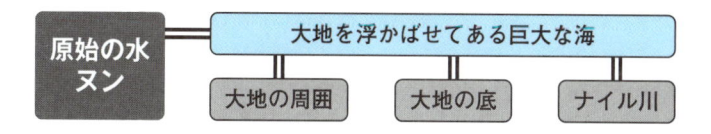

No.055

ダゴン

Dagon

ペリシテ人の神から、偶像、悪魔を経て、クトゥルフ神話の邪神へと変わっていった数奇な運命の神。

●魚の姿をした神

元々のダゴンは、決して邪神でもなければ悪魔でも怪物でもない。紀元前2500年ごろには既に崇拝されていた海神で、豊穣神だという説もある。シリアのマリ遺跡などからは、ダゴンを主神とした人々の遺構が発掘され、聖書以前の時代の神々の姿が、少しずつ明らかとなってきている。

ダゴンは、上半身が人間で、下半身が魚の姿をしていた。ただ、ユダヤ教とは敵対していたので、『旧約聖書』サムエル記では、

「その翌朝《よくあさ》、早《はや》く起《お》きてみると、ダゴンはまたも主《しゅ》の箱《はこ》の前《まえ》の地面《じめん》にうつ伏《ぶ》せに倒《たお》れていた。しかもダゴンの頭《あたま》と両手《りょうて》は切《き》り取《と》られて敷居《しきい》のところにあり、胴体《どうたい》だけが残《のこ》されていた。」（『聖書／新共同訳』日本聖書協会）

と、ダゴンがイスラエルの神の前に敗れたことが書かれている。もちろん、聖書はユダヤ教の経典であって、ユダヤ人に都合よく捏造された物語かもしれないことに注意する必要があるが。

それが、キリスト教の時代になって、キリスト教徒は聖書から、数多くの神や単語を悪魔として抜き出した。当然ダゴンも、マイナーながら悪魔の1柱である。19世紀の『地獄の事典』では、ダゴンとは第2階級の魔神で、地獄の宮廷におけるパンの製造管理を司っているとされる。つまり、悪魔ではあるものの、あまり偉くない。

それが、H.P.ラブクラフトによって、クトゥルフ神話の巨大な魚の怪物として、『ダゴン』や『インスマウスの影』といったホラー小説に登場させられた。ディープ・ワン（日本語では「深きもの」という）という怪物たちの首領として知られ、「父なるダゴン」「母なるハイドラ」として、並び称される。海底に沈んだ都市ルルイエにおいて、眠り続ける「大いなる**クトゥルフ**」に仕えているとされる。

数奇な運命の海神

神話のダゴン

元々は…
- フェニキア人の神
- ペリシテ人の神
- 豊穣神という説も

↓

『旧約聖書』に異教徒の神として登場

↓

19世紀の『地獄の事典』では中級の悪魔に

『失楽園』では怪物に

「その名はダゴン、海の怪物、一上半身は人間だが、下半身は魚であった。このような姿にもかかわらず、彼はパレスチナの全域にわたって畏れられ、その宏壮な神殿は、アゾトに、ガテに、アシケロンに、アッカロンに、さらにまたガザの辺境にいたるまで、高々と聳《そび》えたっていた。」
『失楽園』平井正穂 訳　岩波書店より

↓

クトゥルフ神話のダゴン

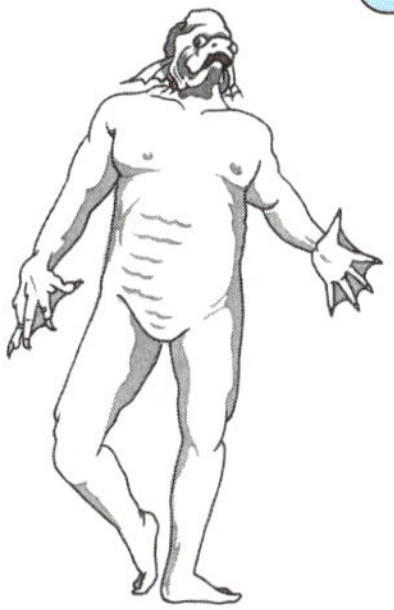

- クトゥルフ神話の邪神
- H.P.ラブクラフトのホラー小説に登場
- 海底に沈んだ「大いなるクトゥルフに仕えている」

関連項目

●クトゥルフ→No.056

No.056

クトゥルフ

Cthulu

クトゥルフは、「大いなるクトゥルフ」と呼ばれる、強力な邪神である。その復活は人類の破滅をもたらすだろう。

●太平洋に眠る邪神

アメリカのホラー作家H.P.ラブクラフトの作り上げた恐怖の体系は、クトゥルフ神話と呼ばれる。それだけに、クトゥルフは同神話体系でも最も有名な邪神である。

その姿は、タコの頭に翼が生えた身体が付いており、体表は鱗というか、瘤というか分からないゴムのようなものに覆われている。手はかぎ爪、翼はコウモリのそれに似ている。

クトゥルフは旧支配者と呼ばれ、太古の地球に飛来して地球を支配していた異形の何かである。だが、旧支配者たちは地殻変動や星辰の変化によって活動不能になり（死んだわけではない）、地球やその周辺の宇宙で眠りについている。

クトゥルフには、「深きもの」と呼ばれる眷属がおり、巨大な深きものともいえる**ダゴン**とハイドラを従えている。クトゥルフの信者も、沿岸に住んでいる者や、海に関係した仕事の者が多い。

クトゥルフは、海中に沈んだ太古の都市ルルイエ（太平洋の海底にあるという）で死とも眠りともつかない状態にあり、自ら動くことはできないが、テレパシーで眷属や配下に命令を下す。信者たちは、未来の何時か、星辰が完全になり、ルルイエが浮上してクトゥルフが復活すると信じている。

クトゥルフは、海底に沈んだ**ムー大陸**で信仰されていたと伝えられるが、その影響は、中南米の神話などにも影響を与えている。

ラブクラフトの弟子であったオーガスト・ダーレスは、旧支配者を四大元素に分類し、クトゥルフは水の元素に結びつけた。そして、風の旧支配者ハスターと対立しているとした。しかし、このように旧支配者を分類し、人間の理解できるような説明を付けることは、その恐怖を失わせることだとして、非難する者も多い。

人類に破滅をもたらす邪神

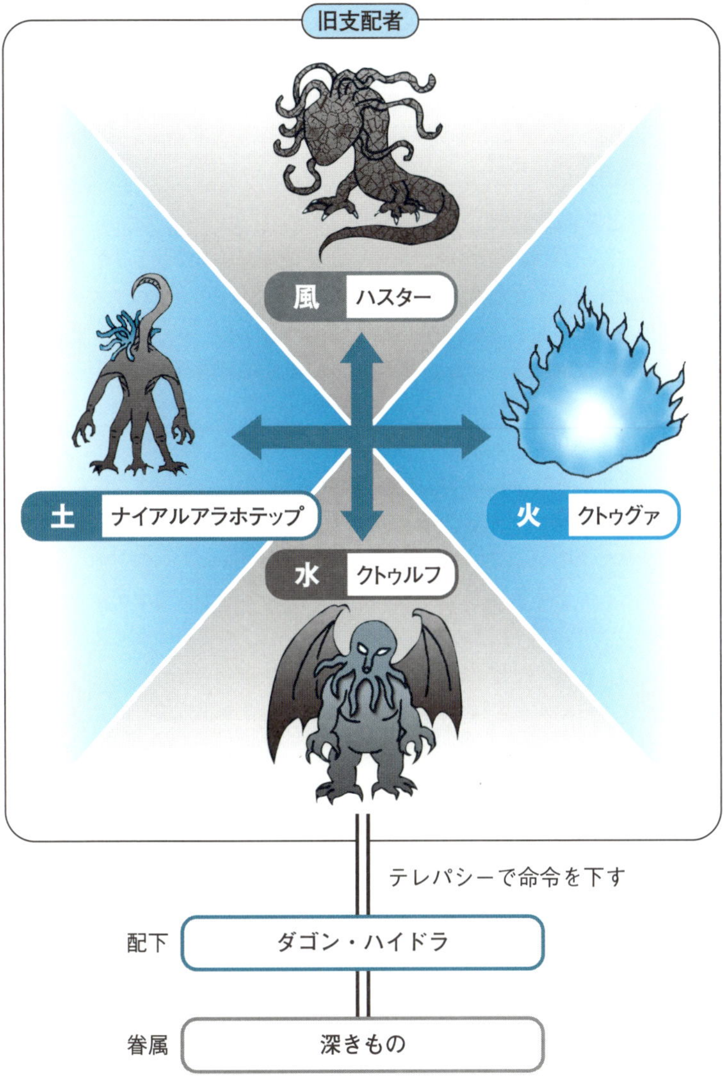

関連項目
●ダゴン→No.055
●ムー大陸→No.078

No.057

アナーヒターとアープ

Anahita & Ap

ゾロアスター教というと、火と思ってしまうが、それだけではない。水も重要な神格なのだ。

●インドと共通する神

　ゾロアスター教は、拝火教とも呼ばれ、火を崇拝する宗教とされるが、水に対する崇拝の念もまた格別のものだ。『アヴェスター』（ゾロアスター教の経典）の第1部ヤスナ（祭儀書）、その最古の部分の一つである散文、ヤスナ第38章でも、水はアフラの妻アフラニスとして崇拝されている。そこでは、諸水は、単に人間に必要なものというだけでなく、命の母とされる。

『アヴェスター』の第3部ディーデーウ・ダートでは、アバン（アープ）は、水の大きく集まりしところの精髄で、世界はその上にあるとまでされる。

　それだけに、様々な名前で水が崇拝され、様々な神が水を司っている。

　中級神ヤザタの1人に、アナーヒターがいる。彼女は、水の女神もしくは河の女神として崇拝される。ヒンドゥー教における**サラスヴァティー**に相当するのがアナーヒターだといわれる。この女神は、世界をぐるっと取り巻く世界河川で、ギリシャ神話の**オケアノス**に相当する。

　アナーヒターは安産の神であり、また女性に母乳が出るように計らってくれる神でもある。なので、特に妊産婦に厚く信仰された。彼女は、金色に輝くマントを身につけ、星をちりばめた金の王冠をかぶり、左手に水差しを持った女性として描かれる。また、その胸にはザクロの花が飾られている。

　同じヤザタの中に、水の女神アープがいる。アバンともいい、潤いと繁栄をもたらす女神だ。中級神ヤザタの1柱で、インド神話の『リグ・ヴェーダ』における**アーパス**と同根の神だと考えられている。この名はアヴェスター語（『アヴェスター』を記述する言語のこと）における「水」を表す「アーパス」が転じた名前とされる。

　ゾロアスター教のカレンダーでは、月の第10日目が水の日であり、アープが司る。また、アバンは、年の8ヶ月目の月を表すこともある。

　このため、8月10日が水の祝日で、アナーヒターの祝日でもある。

ゾロアスター教においても重要な神格

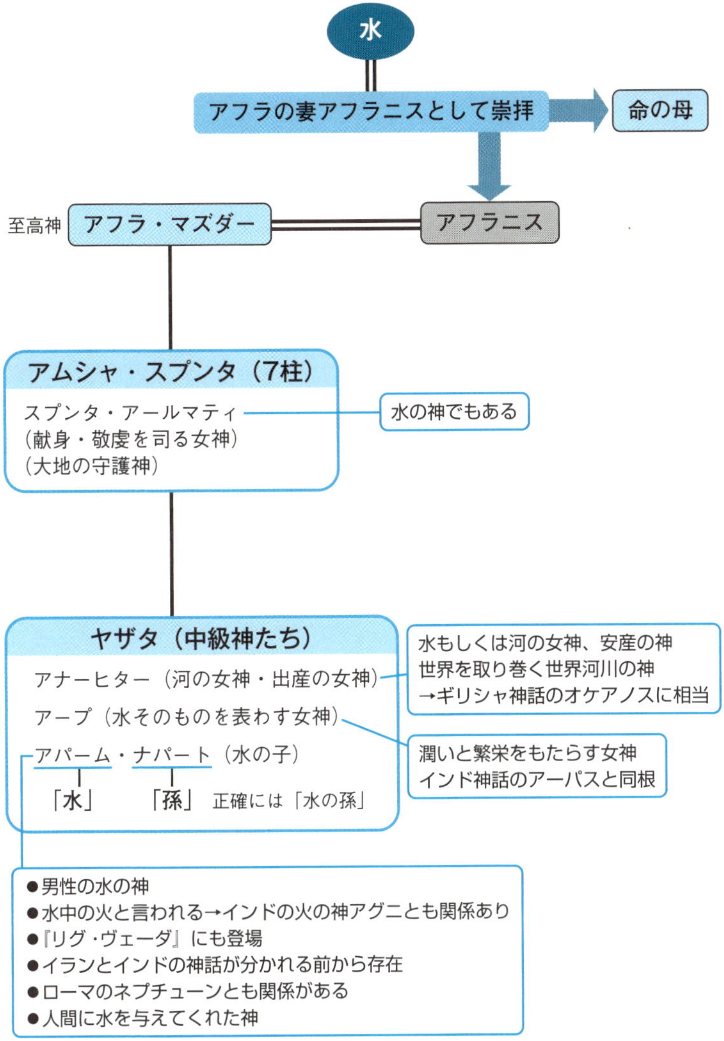

関連項目

●サラスヴァティー→No.058
●オケアノス→No.043
●アーパス→No.059

No.058

サラスヴァティー

Sarasvati

消えてしまった河の女神は、司る河が消えたが故にか、最上の河の女神となった。

●天上界の河の女神

インド神話の河の神々の中で最高位にあるのが、サラスヴァティー女神だ。サラスヴァティーとは、「水を持つもの」という意味で、『リグ・ヴェーダ』でも、ナディー（河の神）が十把一絡げに賛歌を捧げられているのに対し、サラスヴァティーだけは専用の賛歌が3篇も存在する。そして、「最高の母、河の中の最上者、女神中の最上の女神」と讃えられる。

皮肉なことに、他の河は現存するのに、サラスヴァティー河は現在では枯れ川となってしまっており、往事を偲ぶことはできない。だが、人々は、サラスヴァティーを天界の河と見なすようになり、全ての河の源の河として、かえってその権威は高まった。

さらに、あらゆる流れ出すものの神として、言葉や音楽の女神であり、ひいては学問や芸術の神となっている。

神々の最高位であるブラフマー神（現在では、三大神の1柱ではあるものの影が薄い）の妻でもあり、神々の中でもその地位は高い。何しろ、ブラフマーが四面神であるのも、彼女のせいだという。

ある時、ブラフマーは、自分自身の光から1人の女性を創り出した。それがサラスヴァティーである。ところが、ブラフマーは自分が創った女神に夢中になってしまう。サラスヴァティーが父親でもあるブラフマーの視線を逃れようと、右へと移動すると、そちらにもう一つの顔が現れた。仕方なく左へ移動するとそちらにも、後ろに回ると後ろにも顔が現れる。最後に、空中に飛び上がると、上向きの顔まで現れてしまう。こうして五面神となったブラフマーに彼女も観念して、ブラフマーの妻になったのだという（現在四面なのは、後にシヴァ神と口論しててっぺんの顔を切り落とされたからである）。

彼女は、仏教にも取り入れられ、我々のなじみ深い神様となっている。そう、弁財天《べんざいてん》が、仏教化したサラスヴァティーである。

4本の腕を持つ美貌の神

サラスヴァティー
＝
「水を持つもの」

インド神話の河の神々の最高位
＝
学問・芸術の神

最高の母、河の中の最上者、女神中の最上の女神

仏教にも取り入れられた ➡ **弁財天** ＝仏教化したサラスヴァティー

No.059

アーパス

Apas

インド神話の最も古い神々の１人が、水の女神アーパスだ。だが、その存在感は、ひどく希薄なものでしかない。

●人格定かならぬ水の神

インド神話『リグ・ヴェーダ』に登場する水の女神がアーパスだ。

これは、水（アプ）を擬人化したものといわれ、天界地上界全ての水を司る。慈愛に満ちた母で、全ての水・液体にとどまらず、宇宙や生物なども生み出したという。世界各地の神話に登場する創造の母神のインド神話における姿だ。

天上界の水とは、単なる水だけではなく、神酒**ソーマ**や甘露《かんろ》、乳、蜜、グリタ（液体状のバター）など神々の滋養となる飲み物も含まれる。神々が、滋養の力をくみ出す源がアーパス女神なのだ。

地上の水の源は、天上の水だ。そして地上の水とは、飲める水の他にも、海や川も含まれるので、全ての河の神の上位にある神だといえるだろう。

彼女の権能はそれだけではない。古代の医薬品が飲料であったことから、アーパスは医薬の神でもある。『リグ・ヴェーダ』にも、「**アーパスよ、医薬を授けよ、わが身体のために援護《えんご》物として、また〔われ〕長く太陽を見んがために（長命のため）。**」（『リグ・ヴェーダ讃歌』辻直四郎訳　岩波書店／以下同）とあり、医薬と長生きを司ることができる。

さらに、「水に流す」という言葉を体現しているのもアーパスだ。「**アーパスよ、運び去れ、わが身のいかなる過失をも、またはわが犯したる欺瞞《ぎまん》をも、あるはまた偽りの誓いをも。**」とあり、罪や嘘を流し去ってくれる力を持つ。

こんなにも優れた女神なのだが、その姿や性格については、ほとんど記述されていない。自然に存在する水を象徴するのみで、インド神話の他の神々のように、人格神としての姿を見せることはない。

そのためか、彼女の姿を最古のヴェーダである『リグ・ヴェーダ』以外で見ることは稀である。現代のヒンドゥー教では、忘れられた神となっている。

ありとあらゆる水の源

関連項目

●ネクタルとソーマ→No.080

No.060

水天《すいてん》

Suiten

仏教には多くの仏がいる。他の宗教から、多くの神を取り込んだからだ。その中には、水を司るものもいるのだ。

●仏教に取り入れられた水の神

仏教には、多数の仏がいる。だが、彼らにもランクがある。上位から、「如《にょ》来《らい》部」「菩薩《ぼさつ》部」「明王《みょうおう》部」「天《てん》部」である。

このうち、天部は、元々はバラモン教の神々が仏教に取り入れられたもので、仏教を守護する神という立場にある。

その天部の1人に、水天がいる。その名の通り、水の神だ。元は、バラモン教のヴァルナであるという。このヴァルナが、とても古い。紀元前10世紀に成立した『リグ・ヴェーダ』に登場する天空神・司法神・水神で、ゾロアスター教に取り入れられて、最高神アフラ・マズダーになるほど由緒正しい神である。しかし、後のバラモン教では、地位が下がり、単なる水の神になってしまっている。

このヴァルナが、仏教に取り入れられて、仏教を守護する十二天の1人で、西方を守護する神となった。もちろん、水の神であることは変わりない。

その姿は、右手に剣、左手に索《さく》（投げ縄）を持ち、亀などの水生生物に乗っている姿で表されることが多い。この索を、龍索《りゅうさく》といい、龍の姿を摸したものである。

江戸時代には、神仏習合（神道と仏教を同じものとしてまとめて祀る）が盛んであり、水天を祀るのは水天宮《すいてんぐう》という神社になった。この時、水天は、「天之水分神《あめのみくまり》」「国之水分神《くにのみくまり》」と習合し、こちらが子供の守護神であった関係で、水天も安産や子育ての神として信仰されるようになった。

ところが、明治以降の神仏分離の際に、水天が元々インドの始原神ヴァルナであったことから、日本神話における始原神「天之御中主神《あめのみなかぬしのかみ》」に相当すると解釈されるようになり、水天宮は天之御中主神＝水天を祀る神社になった。このため、水天宮であるにも関わらず、水天とは直接関係のない神社になってしまっている。

水を司る仏教の仏

仏教
- 如来（にょらい）部
- 菩薩（ぼさつ）部
- 明王（みょうおう）部
- 天（てん）部 ―― 仏教を守護する神
  - 水天＝元はバラモン教のヴァルナ

神仏習合 ↓

天《あめ》之《の》水分《みくまり》神
国《くに》之《の》水分《みくまり》神
と習合

神仏分離 ↓

天《あめ》之《の》御《み》中主神《なかぬしのかみ》
に相当すると
解釈される

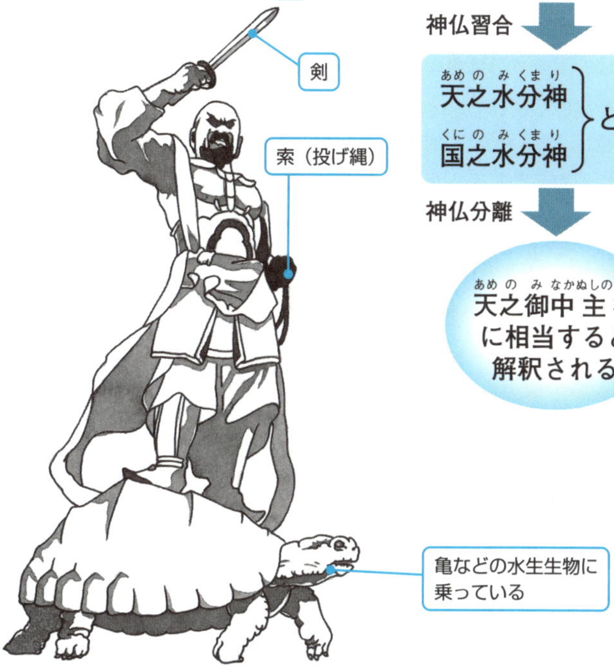

◆安徳《あんとく》天皇

平家が政権を握っていた頃、平清盛の孫にあたる安徳天皇が、わずか2才で天皇の地位に就いた。だが、その5年後、源氏の攻撃により平家は滅び、安徳天皇はその母と共に、入水して亡くなった。

このため、安徳天皇のことを、水天皇《すいてんのう》ともいう。このため、水天と同一視され、水天宮は安徳天皇とその母建礼門院《けんれいもんいん》、その祖母二位《にい》の尼を祀る神社でもある。

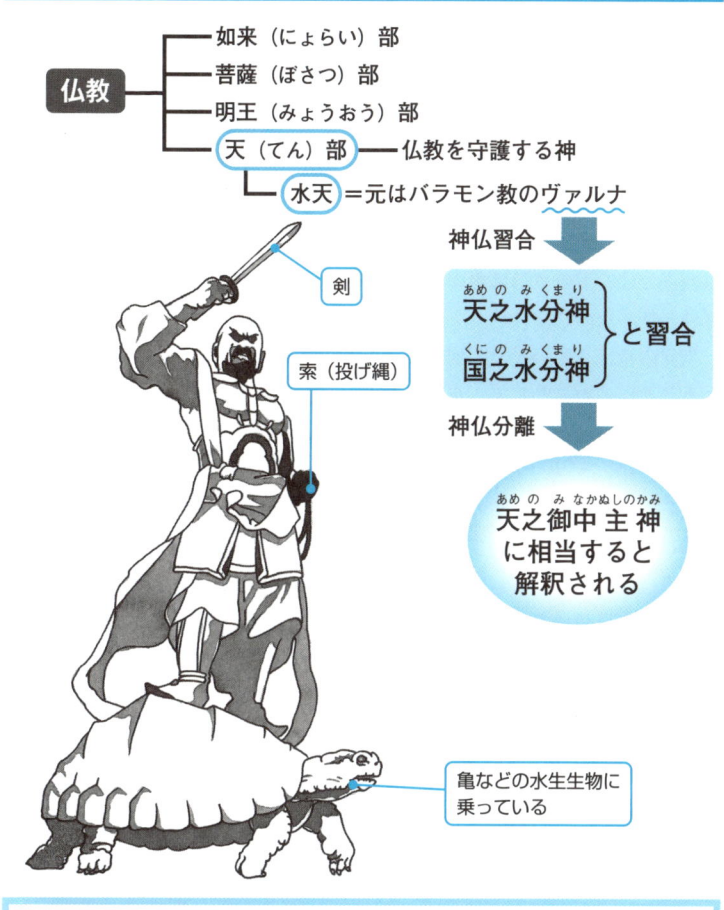

No.061

竜王

Dragon king

竜は、西洋でも東洋でも、強力な幻想生物だ。だが、その正邪において、西洋と東洋は逆になる。

●神秘なる東洋の竜

西洋では、ドラゴンは悪の化身である。しかし東洋では、海や水を司る竜は神の使いなのだ。

東洋の竜は、四つ足で、羽もないのに空を飛ぶ。前足には、宝珠《ほうじゅ》を握っていることが多い。そして、水中に住み、雨を降らす力を持つ。地上から天に昇るときには、竜巻を起こして上昇するという。

仏教では、天竜八部衆《てんりゅうはちぶしゅう》と呼ばれる仏教守護の神族がいる。その2番目が竜だ。彼らはインド神話のナーガ族が竜と呼ばれたもので、水を司る。法華《ほけ》経《きょう》には、八大竜王が登場する。釈迦《しゃか》が説教をしたときに参列した8人の竜王が、こう呼ばれるのだ。彼らの名前は、難陀《なんだ》、跋難陀《ばなんだ》、娑伽羅《さから》、和修吉《わしゅきつ》、徳《とく》叉迦《しゃか》、阿那婆達多《あなばだった》、摩那斯《まなす》、優鉢羅《うばつら》という。

特に、跋難陀は、釈迦が生まれたとき、雨を降らせて灌《ゆす》ぎ（水を注ぐこと）をしたことで有名である。また、娑伽羅は竜宮の王としても有名だ。

道教には、四竜（四海竜王《しかいりゅうおう》）というものも存在する。これは中国の周囲にある四海（といっても、東にしか海はないのだが）を統べる竜の王である。

彼らの名前は、東海竜王敖広《ごうこう》（青龍）、西海竜王敖潤《ごうじゅん》（白龍）、南海竜王敖《ごう》欽《きん》（赤龍）、北海竜王敖順《ごうじゅん》（黒龍）の4人だ。東海竜王が長兄とされる。とはいえ、実際には彼らが仏典に出てくることはほとんどない。

その代わり、彼らは中国の伝奇小説などに登場して、様々な活躍を見せる。とはいえ、どちらかというと、やられ役が多いのはなぜなのだろう。『西遊《さいゆう》記《き》』では、孫悟空《そんごくう》は東海竜王のところから、如意棒《にょいぼう》を奪い取っているし、西海竜王は三蔵法師《さんぞうほうし》の馬になっている。『封神演義《ほうしんえんぎ》』では、わずか7才の哪吒《なた》太子《たいし》が東海竜王の息子を殺してしまっている。

おそらく、竜といえば強く、竜王といえばすごく強い。それに勝つ主人公はものすごく強いということを表すのに、ちょうどいい敵役なのだろう。

西洋と東洋とでは逆の幻想生物

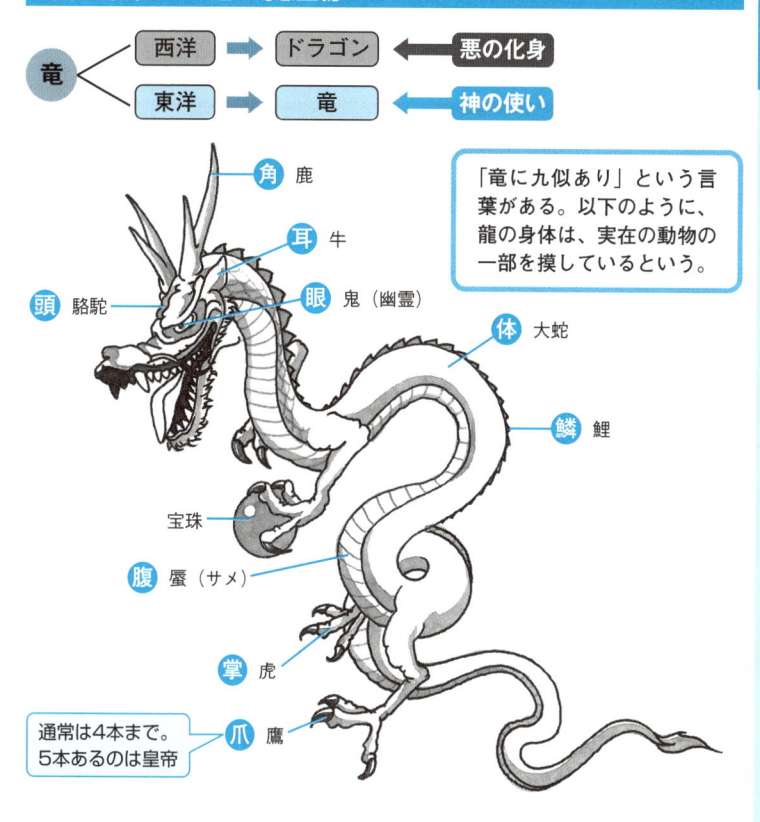

竜
- 西洋 → ドラゴン ← 悪の化身
- 東洋 → 竜 ← 神の使い

「竜に九似あり」という言葉がある。以下のように、龍の身体は、実在の動物の一部を摸しているという。

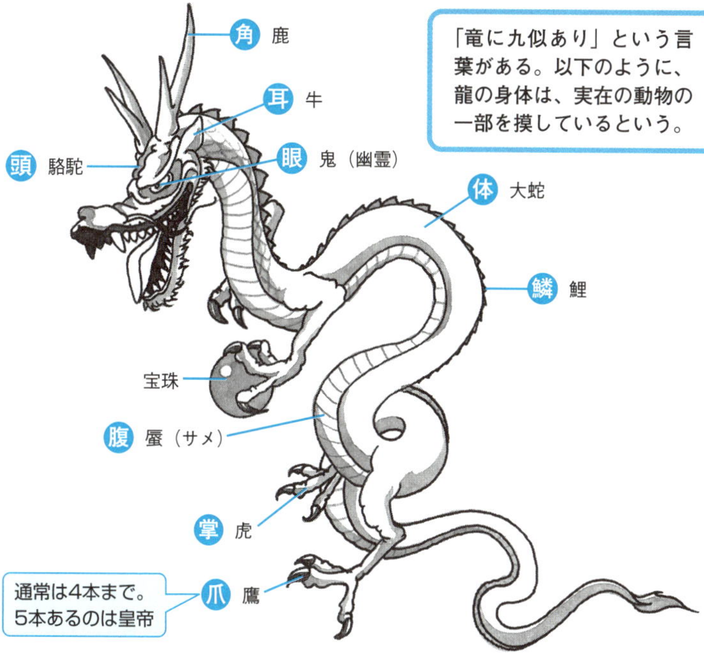

四竜（四海竜王）

四海竜王 — 道教の竜の王。中国の周囲にある四海を統べる

- 北：北海竜王敖順《ごうじゅん》（黒龍）
- 西：西海竜王敖潤《ごうじゅん》（白龍）
- 東：東海竜王敖広《ごうこう》（青龍）＝長兄
- 南：南海竜王敖欽《ごうきん》（赤龍）

No.062

玄武《げんぶ》

Genbu

中国で四方を司る四神と呼ばれる神獣が崇拝されている。その中で、北にあって水を司るのが玄武である。

●北を守る亀の神獣

日本や中国では、四方を司る霊獣がいて、これを四神《しじん》という。東の青龍《せいりゅう》、西の白虎《びゃっこ》、南の朱雀《すざく》、北の玄武《げんぶ》である。これに加えて、中央を支配する黄帝《こうてい》が置かれる場合もある。

彼らは、二十八宿という中国の星座を、それぞれ七宿ずつ司るものとされ、玄武は、斗宿《としゅく》、牛宿《ぎゅうしゅく》、女宿《じょしゅく》、虚宿《きょしゅく》、危宿《きしゅく》、室宿《しつしゅく》、壁宿《へきしゅく》の北方七宿を司る。この中で最も有名なのは斗宿であろう。これはいわゆる南斗六星のことである。

玄武は、亀に蛇が巻き付いた姿をしている。北方を司る神であり、北が黒を表すので玄であり、また硬い甲羅を持ち高い防御力を誇るので武という。また、玄武は水を司るものとされ、冬の支配者でもある。

後世になると、玄武ではなく真武《しんぶ》と呼ばれるようにある。真武玄天上帝《しんぶげんてんじょうてい》といって、武当山《ぶとうさん》に鎮座する北方守護の神として、宋代には大いに信仰を集めた。おそらく、宋が北方から攻められて北部の領土を失い南宋になってしまったことと関係があるのだろう。また、武当山の武当派というと、少林寺に並ぶ拳法の潮流として、現在でも多くの門人を抱えている。ただし、この頃にはもはや亀の姿ではなく、人格神として信仰されている。

『西遊記《さいゆうき》』には、北方真武君蕩魔天尊《ほっぽうしんぶくんとうまてんそん》という玄武の神が登場する。武当山の神で、悟空《ごくう》が助太刀を頼む相手である。ただし、彼は、ちょっと間抜けな役柄だ。悟空に助太刀を求められたのに、妖怪を見くびって、配下の亀と蛇の二将軍と五大神龍を派遣する。ところが、敵の黄眉大王《こうびだいおう》はあらゆるものを吸い込む後天袋子という呪宝を持っていたものだから、将軍も神龍も全て吸い込まれてしまう。かろうじて、悟空だけが觔斗雲《きんとうん》で逃げ出すことができ、他の助太刀を求めて出かけることになる。結局、頼られたものの、相手を甘く見て助太刀に失敗するという情けない役になってしまっている。

ちなみに、『北遊記《ほくゆうき》』では、この真武君蕩魔天尊が主人公になっている。

四方を司る獣たち

四神 ― 四方を司る霊獣

五行思想に合わせて、中央が作られて五獣という場合もある。この場合には、中央に黄麟（黄色の麒麟）が配される。

四神対応表

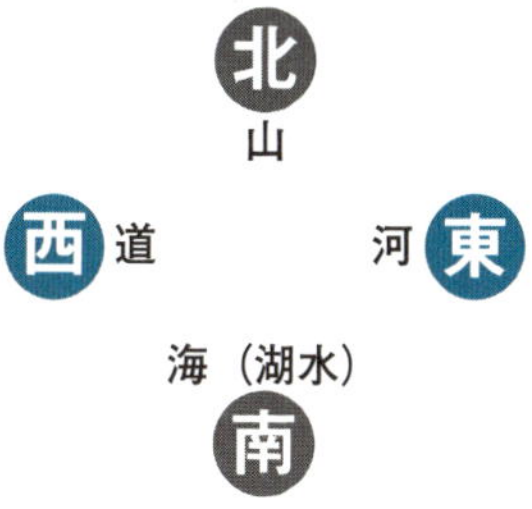

四神相応

風水では、四神相応といって、それぞれの方角に四神に相応しいものがある土地を素晴らしい土地とする。不思議なことに、この四神相応においては、北の玄武は山を象徴することになっており、火の朱雀が海を象徴している。確かに、北が海で、南が山になっている土地は北風が寒くて住みにくいのは分かるが、ちょっと勝手すぎるような気がする。

No.063

河伯《かはく》

Kahaku

中国で河と言えば黄河のことだ。では、その河の神は、いったい何者なのだろうか。

●黄河の神は、実はそこで溺れ死んだ男だった

中国の黄河《こうが》の神である。また、河の神を総称して、河伯と呼ぶこともある。

河伯は、憑夷《ひょうい》もしくは冰夷《ひょうい》という名の男が、黄河で溺死し、その時に天帝から、黄河の神となるよう命じられたのだという。道教の伝承では、冰夷が黄河のほとりで仙薬を飲み仙人となったのが河伯だという。

その姿は人間と変わらないが、白い竜に変身することもできる。

河伯の妻は、黄河の支流にあたる洛水《らくすい》の女神洛嬪《らくひん》だという。ところが、にもかかわらず、河伯は人間の嫁を要求する。このことを「河伯娶婦《しゅふ》」という。

魏《ぎ》の時代、西門豹《さいもんひょう》という人物が、河南省の県知事になった。彼が地元の長老に聞くと、河伯が嫁を要求するので、人々は困窮しているという。毎年、嫁の支度金として村役人に高い税金を取られ、しかも巫女たちが家々を回り、美しい娘を嫁として連れて行くからだ。

そこで、彼は部下を連れてその年の嫁取りに参加した。そして、嫁に決まった娘の顔を見て、「この娘の顔は今ひとつだ。巫女の婆さん、ちょっと河に入って、河伯に申し上げてくれ。後でもっと美人の嫁を送りますからとな」と言って、部下に婆さんを黄河に投げ込ませた。だが、なかなか婆さんは浮かんでこない。そこで、弟子の巫女たちに、「遅いから、おまえたちも行って見てこい」と次々と川に投げ込んだ。当然弟子たちも浮かんでこない。

今度は、「女たちでは、説明がうまくできないのだろう。村役人たち、おまえたちが行ってこい」と、今度は役人たちを河に投げ込み始めた。

残りの役人は震え上がって、西門豹に叩頭《こうとう》し（頭を地面に付けて行う最上のお辞儀）、許しを請うたという。

西門豹は、村役人と巫女が結託して甘い汁を吸っていたことを知っていたのだ。これ以後、河泊に嫁を取らせる風習は廃れたという。

河伯も、思わぬ濡れ衣を着せられたものだ。

元々は人間だった黄河の神

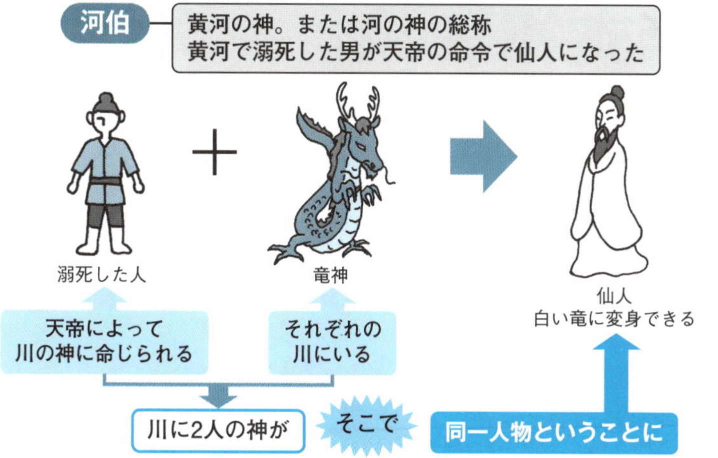

黄河と洛水

❖沙悟浄も河伯

日本では、『西遊記《さいゆうき》』の沙悟浄《さごじょう》は河童《かっぱ》とされ、河童みたいな格好をさせられることが多い。だが、本家の中国では沙悟浄は河伯なので、見た目は普通の人間と変わらない。

No.064

無《む》支《し》祁《き》

Musiki

河の神といっても、良い神ばかりとは限らない。洪水を起こして人々を苦しめる神もいる。

●巨大な猿の怪物

淮水《わいすい》とは、知名度は低いが揚子江《ようすこう》、黄河《こうが》に次ぐ、中国第3の河である。淮河というのが正しいのだが、古来中国においては河といえば黄河のことなので、淮水と呼ぶことが多い。

この淮水の河神が無支祁だ。「無支奇《むしき》」「巫支祈《ふしき》」ともいう。

無支祁は、身長5丈（9m）もあるという巨大な猿に似た怪物だ。身体は黒く毛むくじゃらで、首は白くて100尺（18m）まで伸びる。額は広く、鼻はくしゃくしゃ、目は黄金色で、牙は白い。また、ものすごく素早く動けるのに、象9頭に勝るほどの怪力だ。しかも人語を解し、頭がよくて、川の深淵や浅瀬などについて、熟知していた。

古代中国の伝説的皇帝、禹《う》は父が失敗した治水事業を受け継いだ。だが、その治水事業の妨げとなったのが、この無支祁だ。洪水を起こし、怪物を送って工事を邪魔する。これでは、治水は進まない。

そこで、禹は、部下の庚辰《こうしん》を送って、無支祁を捕らえさせた。庚辰は、無支祁が送った水の精、水怪、山怪、石怪などを平らげ、ついには無支祁そのものを捕まえることに成功した。禹は、目の前に引き出されてきた無支祁の首に鎖をつなぎ、鼻には黄金の鈴を吊し、亀山《きさん》のふもとの水底に封印した。こうして、無支祁は治水の邪魔ができなくなり、禹の治水事業は順調に進むようになった。

また、庚辰の子孫は、それ以後、無支祁の絵を描いて、淮水の氾濫の災害よけにしたという。

後のことになるが、南北朝時代（紀元5～6世紀）に、亀山のふもとで、猿に似た巨大な怪物が現れたという。この猿は鎖につながれており、それを引き上げるためには、人間数十人、牛数十頭がかりだったという。この猿は、もしかしたら無支祁だったのかもしれない。

人々を苦しめる巨大な猿の怪物

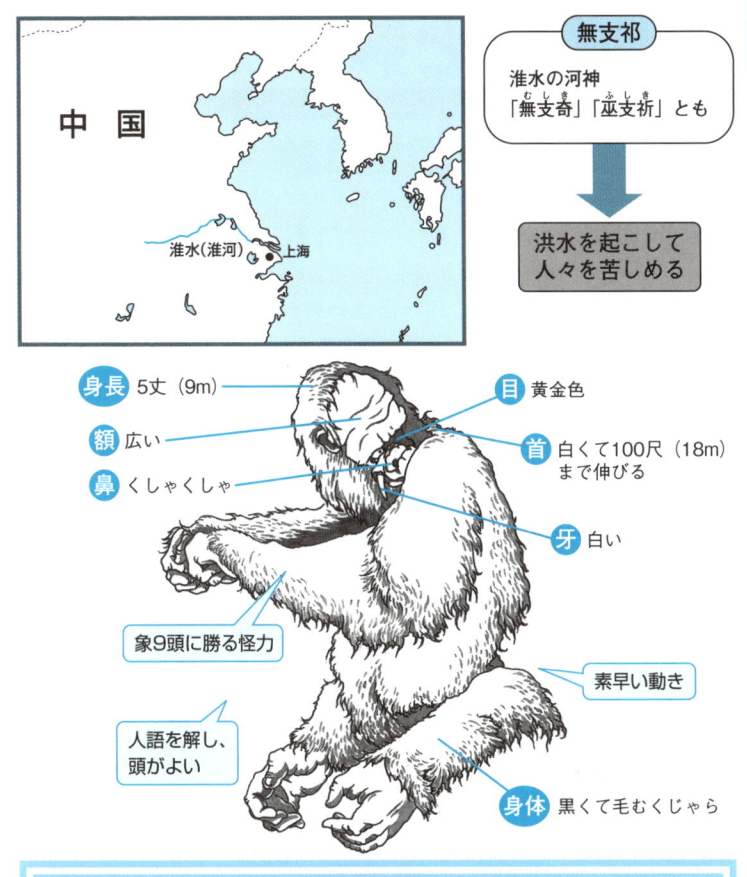

無支祁

淮水の河神
「無支奇《むしき》」「巫支祈《ふしき》」とも

↓

洪水を起こして人々を苦しめる

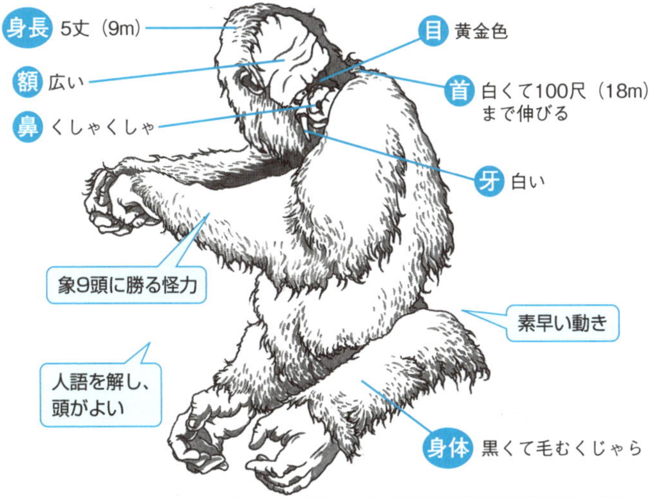

◆丈《じょう》

丈は、尺の10倍の長さの単位だ。現代日本では1尺＝30.3cmなので、1丈＝10尺＝3.03mだ。だが、古代中国では1尺＝18cmだったので、1丈＝10尺＝1.8mだった。

強い者のことを「丈夫」というが、これは「1丈もの背がある夫（男性）」のことだ。たしかに、栄養状態の悪い昔に、それだけの背があれば、丈夫と見なされてもおかしくないだろう。

No.065

淤加美神《おかみのかみ》と彌都波能賣神《みつはのめのかみ》

Okaminokami & Mitsuhanomenokami

日本の水の女神は、この2柱の神から始まる。だが、このような古い神は、名前だけでほとんど活躍しない。

●伊弉冉尊の死によって生まれた女神たち

日本神話の水の女神。神産みのとき、生まれたことによって伊弉冉尊《いざなみのみこと》を殺してしまった迦具土神《かぐつちのかみ》を、伊弉諾尊《いざなぎのみこと》が怒りのあまり斬り殺してしまう。この時、剣にしたたった血から8柱の神が生まれた。その中で、剣の柄にしたたった血から、闇淤加美神《くらおかみのかみ》と闇御津羽神《くらみつはのかみ》が生まれている。「闇《くら》」とは、渓谷のことを現しており、この2柱の神は、渓谷を流れる水の神だとされる。

ところが、この神、全く活躍しない。『古事記』には、2度登場するが、その一つは、娘の日河比賣《ひかわひめ》が**素戔嗚尊**《すさのおのみこと》の孫に娶られて子をなし、その孫が大《おお》国主命《くにぬしのみこと》だという記事。もう一つも、娘の比那良志毘賣《ひならしびめ》が、大国主命に娶られて多比理岐志麻流美神《たひりきしまるみのかみ》を産んだという記事だけだ。全く、水と関係のある仕事をしていない水の神である。『日本書紀』にも、闇龗《くらおかみ》は、剣の柄からの血から現れるが、別の一書では、迦具土神を三つに切ると、その一つが高《たか》龗《おかみ》という神になる。こちらは、山のてっぺんの水の神だという。「龗《おかみ》」は、龍の古語なので、この2柱は、谷の竜神と山の竜神という意味なのだ。

もう1柱の水の女神はどうだろう。彌都波能賣神は、迦具土神を産んで苦しんだ伊弉冉尊がもらした尿から生まれた神で、こちらも水の神だとされる。

この彌都波も、「みつは」と読む。これは「水走」と読んで水を引いてくることの意味（つまり灌漑用水の神である）と、「水早」と読んで水が出始めることの意味（つまり泉や井戸などの神である）の、二つの説がある。こちらの神など、ここで登場したきりで、その後は二度と登場しない神である。

ところが、この両者ともに、水の神であるということで、農民にとっては死活的な神である。このため、活躍しない割に各地で崇拝され、神社もいくつもある。淤加美神と彌都波能賣神を一緒に祀っている神社も多い。

また、神社の主祭神ではないものの、相殿神《あいどの》（主祭神ではないものの、一緒に祀られている神のこと）になっている例は多い。

伊弉冉尊と迦具土神から生まれた神たち

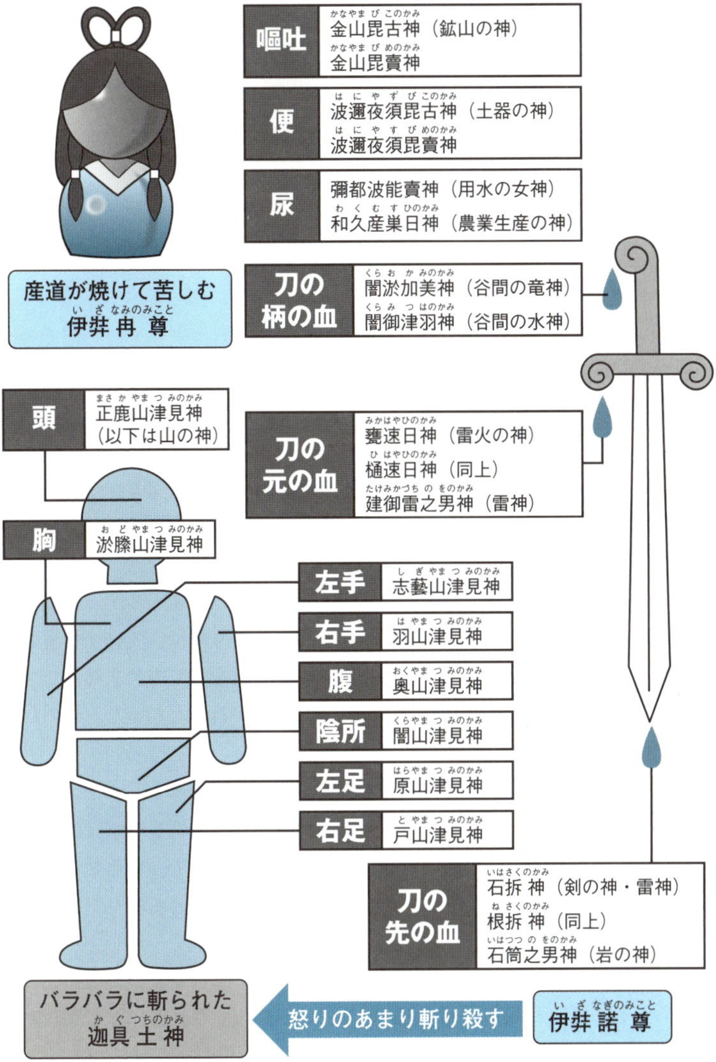

関連項目

●素戔嗚尊→No.068

No.066

住吉三神《すみよしさんじん》

Sumiyoshi–sanjin

航海の神として、船乗りにあがめられた住吉三神は、軍船を運ぶ力も持っていた。

●航海の神は、海外征服の神でもあった

住吉三神とは、底筒之男命《そこつつのおのみこと》、中筒之男命《なかつつのおのみこと》、上筒之男命《うわつつのおのみこと》の3柱の神で、日本の海の神の一つ。

彼らは、黄泉《よみ》の国に行った伊弉諾尊《いざなぎのみこと》が、水の流れで身体を清めたときに生まれた。水の底で身体を清めたときに、底津綿津見神《そこつわたつみのかみ》と底筒之男命。水の中程で身体を清めたときに、中津綿津見神《なかつわたつみのかみ》と中筒之男命。水の上層で身体を清めたときに、上津綿津見神《うわつわたつみのかみ》と上筒之男命。こうして、6柱の神が生まれた。

このうち、底津綿津見神、中津綿津見神、上津綿津見神の3柱の綿津見三《わたつみさん》神《じん》は、綿津見（＝海）という言葉があるように、海の下層・中層・上層を司る神々だ。

それでは、底筒之男命、中筒之男命、上筒之男命は何者なのか。実は、筒というのは星のことである。そして、星が三つというのは、実はオリオン座の三つ星のことなのだ。当時、航海をする場合、星を見て方角を知った。特に、オリオン座の三つ星は目立つので、非常によい目印となった。このため、彼らは航海の神としてあがめられた。

神功《じんぐう》皇后が神がかりになって、海の向こうにある国を攻めるように神の言葉を伝えたことがある。だが、夫の仲哀《ちゅうあい》天皇は、それを信じなかった。このため、仲哀天皇は死に、皇后の腹の中の子が国を治めるように神託があった。この神託は、天照大神《あまてらすおおみかみ》のものだったが、それを皇后に伝えたのが住吉三神である。

皇后が、その命に従い、船と軍勢を用意し、住吉三神を船に祀ると、海の魚たちが船を背負うようにして海を渡し、追い風も吹き、船はとても順調に新羅《しらぎ》まで着いた。そして、その波は国に上陸し、国の半分にまで達するほどだった。こうして、新羅、そして百済《くだら》は征服されたという。これを神功皇后の三韓征伐《さんかんせいばつ》という。

航海の神

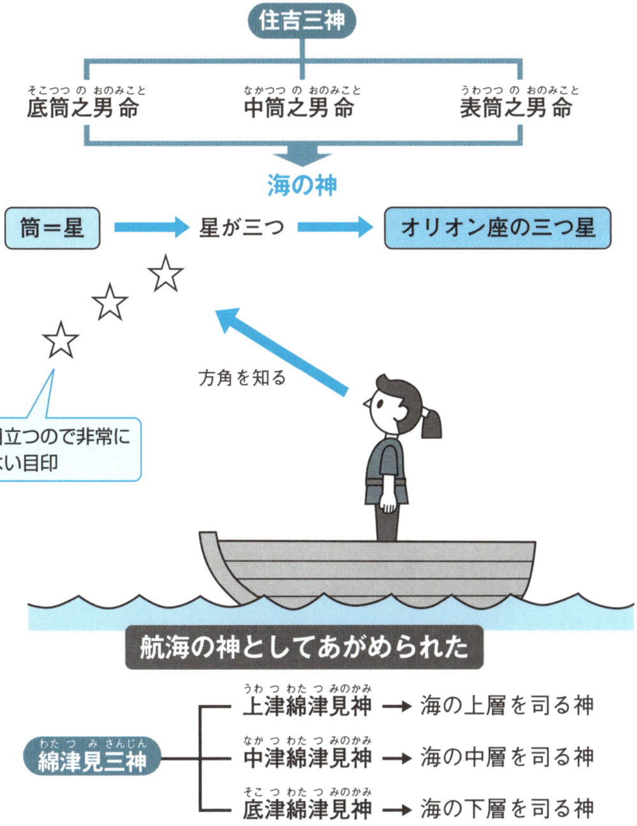

三大住吉

住吉三神を祀っている神社は、日本におよそ2000社ほどもあるが、その中でも有名なのが、大阪市の住吉大社、下関市の住吉神社、福岡市の住吉神社で、三大住吉という。

特に、大阪の住吉大社は、日本の住吉神社の総本社である。

また、福岡の住吉神社は、最初の住吉神社とされ、古書にはこちらが住吉大社と書かれていたこともある。

No.067

宗像三女神《むなかたさんじょしん》

Munakata–sanjoshin

素戔嗚尊の娘たちは、やはり海の女神である。

●船乗りの守護神

福岡県宗像市に宗像大社《むなかたたいしゃ》という神社がある。ここには、3柱の女神が祀られている。これが宗像三女神である。

天照大神《あまてらすおおみかみ》と**素戔嗚尊**《すさのおのみこと》が誓約《うけい》を行ったとき、天照大神が素戔嗚尊の十《と》拳《つかの》剣《つるぎ》を借りて、これをかみ砕いて生まれたのが、宗像三女神だ。素戔嗚尊の剣から生まれたので、彼の子とされる。

生まれた順に、多紀理毘売命《たぎりびめのみこと》、市寸島比売命《いちきしまひめのみこと》、多岐都比売命《たぎつひめのみこと》といい、順に沖津宮《おきつみや》（沖の島）、中津宮《なかつみや》（大島）、辺津宮《へつみや》（福岡県宗像市田島）という三つの神社に祀られている。この三つをまとめて、宗像大社という。

この三つの神社、一直線上に並んでおり、朝鮮へと向かっている。古代の日本において、朝鮮や中国との交易は非常に重要だったが、そこは荒海で名高い玄界灘《げんかいなだ》である。この海を無事に通過できるように祈る女神こそ、この宗像三女神であった。神功《じんぐう》皇后が三韓征伐《さんかんせいばつ》を行ったときにも、宗像大社で航海の安全を祈ったという。

航海安全の神として、また航海に限らず交通安全の神として、現在でも多くの参拝客を集める。北九州では、交通安全のお札といえば、宗像大社のお札であるといってもいいだろう。

特に、沖の島は島そのものが多紀理毘売命のご神体で、現在でも女人禁制であり、男性でも**禊**《みそ》**ぎ**を行った後でないと上陸できないほど、俗世から切り離されている。また、発掘調査によると、4～9世紀の祭祀遺跡などが数多く発掘され、海の正倉院とまでいわれている。また、多紀理毘売命は大国《おおくに》主命《ぬしのみこと》の妻として、阿遅鉏高日子根神《あじすきたかひこねのかみ》を生んでいる。

また、辺津宮は、九州本土にあるため参拝しやすく、ここだけ参拝する人も多い。また、神仏混淆《しんぶつこんこう》によって市寸島比売命は弁財天《べんざいてん》と同一視されたため、美人の芸能の神としてもあがめられるようになった。

玄界灘の安全を守る女神

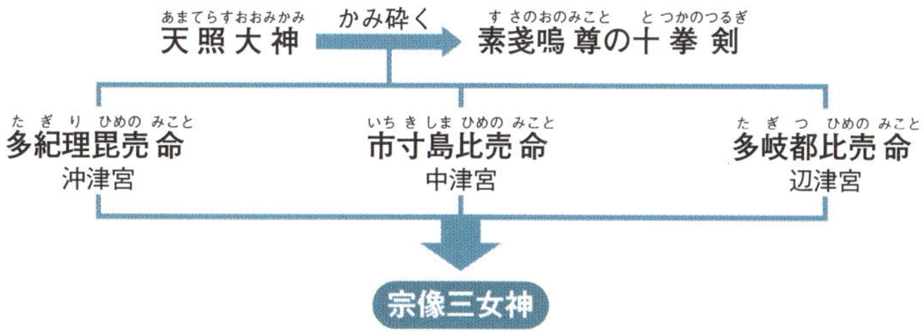

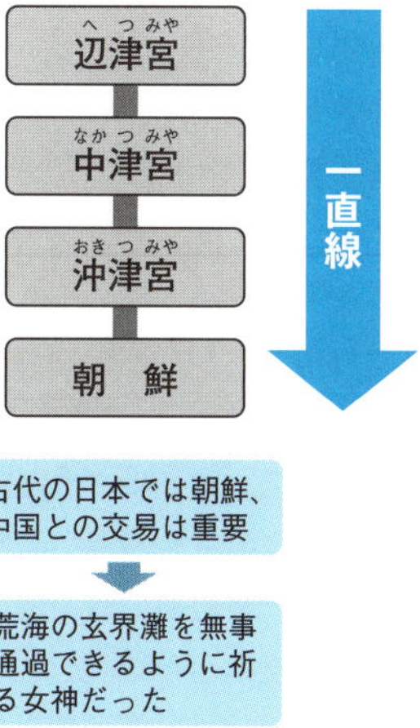

宗像三女神と宗像三社の関係

実は、3柱の女神がどの3社に祀られているのかは、書物によって違っている。また、現在の神社自身の社伝も、また異なる。

	沖津島	中津島	辺津島
神社	田心《たごり》姫《ひめの》神《かみ》	湍津《たぎつ》姫《ひめの》神《かみ》	市杵島《いちきしま》姫《ひめの》神《かみ》
『古事記』	多紀理《たぎり》毘売《びめの》命《みこと》	市寸島《いちきしま》比売《ひめの》命《みこと》	多岐都《たぎつ》比売《ひめの》命《みこと》
『日本書紀の』一書	市杵嶋《いつきしま》姫《ひめの》命《みこと》	田心《たこり》姫《ひめの》命《みこと》	湍津《たぎつ》姫《ひめの》命《みこと》

関連項目
●素戔嗚尊→No.068
●禊ぎ→No.081

No.068

素戔嗚尊《すさのおのみこと》

Susano–onomikoto

日本神話には、海の神がたくさんいる。その中で最も高貴で、最も海の神らしくないのが素戔嗚尊だ。

●海に出ない海神

素戔嗚尊は、天照大神《あまてらすおおみかみ》、月讀命《つくよみのみこと》とともに三貴子《さんきし》といわれる重要な神だ。『古事記』では、伊弉諾尊《いざなぎのみこと》が黄泉《よみ》から帰ったときに、右目を洗って生まれたのが月讀命、左目を洗って生まれたのが天照大神、鼻を洗って生まれたのが素戔嗚尊とされる。

生まれたとき、伊弉諾尊から、天照大神は高天原《たかまがはら》を、月讀命は夜を、素戔嗚尊は海原を治めるよう命じられた。創世神にそう定められた以上、素戔嗚尊は海神である。ところが、この海神、全く海に出ない。

それどころか、海神であることを断り、母（伊弉冉尊《いざなみのみこと》）のいる根の国（冥界）に行くと泣き叫ぶのだ。よく考えてみると、素戔嗚尊は伊弉諾尊が1人で生み出した神なので、母ではないのだけれど。

さらに、根の国に行く前にと、姉の天照のいる高天原に出かける。だが、姉は弟が攻め込んできたと思い込み、武装して弟に対峙する。そこで、両者が誓約《うけい》を行い、素戔嗚尊の潔白が証明された。だが、彼の粗暴なのは変わらず、高天原で乱暴を行い、怒りのあまり姉は天の岩戸に隠れてしまう。

これが原因で、素戔嗚尊は高天原を追放される。

それなら、最初の目論見通りに根の国に行けばいいのに、ここからは素戔嗚尊は英雄神として人々を救い始める。**八岐大蛇《やまたのおろち》**を退治したのは、その最も有名なもので、大蛇から救った櫛名田比売《くしなだひめ》を妻として、出雲の神々の祖となっている。

それらが終わった後に、根の国へと行ったという。

結局、素戔嗚尊は、海神に任命されたにもかかわらず、海に出ないままで、陸上において英雄神としてあがめられるようになった。

結局、素戔嗚尊は何者だったのだろうか。スサを、「荒《すさ》ぶ」と解釈して嵐の神だという説が有力である。

海に出ない海の神

やった事は海と関係ないことばかり

- 根の国に行きたがる
- 高天原で天照と誓約をする
- 高天原で乱暴をして追放される
- 出雲へ行って八岐大蛇を倒す
- 出雲の神の祖となる
- 最後に根の国へ行く

◆意外と文化人

素戔嗚尊は、出雲に住まいを定めたとき、以下の和歌を詠んでいる。

八雲《やくも》立つ　出雲《いずも》八重垣《やえがき》　妻籠《つまごめ》に　八重垣作る　その八重垣を

これは、この世における最初の和歌である。つまり、素戔嗚尊は和歌の祖でもあるのだ。

このため、「八雲の道」とは歌道のことを意味する言葉となった。

関連項目

●八岐大蛇→No.038

No.069

金比羅宮《こんぴらぐう》

Konpiragu

瀬戸内海は、昔から日本の海上交通の中心だった。その守護神である金比羅宮も、日本の海上交通全ての守護神である。

●日本最大の海の守護神

日本における海の守り神といえば、金比羅宮だ。正式には、「金刀比羅《ことひら》宮」と書き、香川県仲多度郡琴平町の、象頭《ぞうず》山中腹にある。

古くは、1165年に崇徳《すとく》上皇を合祀《ごうし》したと記録があるが、それ以前どのくらい古いのかはよく分かっていない。

では、どうして金比羅宮は海の神なのだろうか。この神社の神は、大物《おおもの》主命《ぬしのみこと》で、確かに、蛇神で水神や雷神としての性格も持つ。だが、最も大きいのは、象頭山が瀬戸内海の航海上の目印（日和山《ひよりやま》）として大変便利だったからだ。

金比羅とは、インドの神クンピーラだ。これは、ガンジスに住むワニの神で、当然水神である。これが仏教に取り入れられて、十二神将の1人宮比羅《くびら》大将となる。それが、神仏習合の関係で、大物主命と習合させられて、金比《こんぴ》羅大権現《らだいごんげん》となった。

そして、金比羅宮が名高くなっていったことで、日本各地の日和山の神などが、金比羅宮を勧請《かんじょう》してその分社となっていった。日本各地にある琴平神社や金刀比羅神社などは、そうやって成立した。

金比羅宮には、古くは面白い習俗があった。金比羅宮沖を通る船は、樽に「奉納金比羅大権現」と幟《のぼり》を立てて流す。すると、その樽を発見した船は、代わりに金比羅宮まで届ける。一種の代参（代わりに参ってもらう）なのだが、こちらは樽を拾った側にも福があるというので、皆喜んで代参をしたのだという。

現在でも、船員や漁師、海上自衛隊員などから多くの信仰を集め、海自の掃海殉職者慰霊祭も、ここで行われる。日本の船なら、最新のハイテク船であっても、金比羅宮のお札や神棚が飾られる。将来、日本製の有人宇宙船が造られたら、神棚は無理でも、お札くらい張られることは確実である。

日本の海上交通の守護神

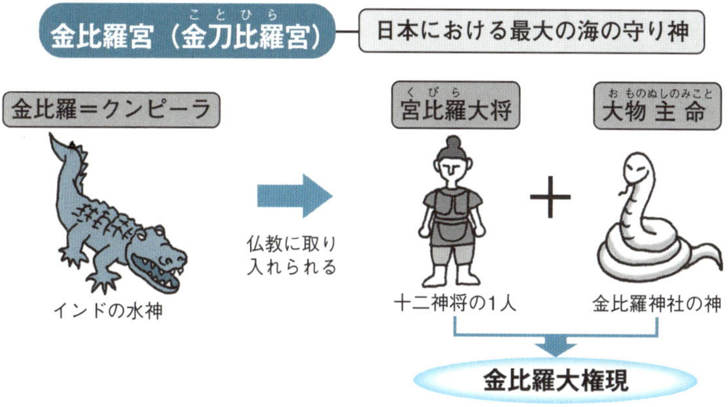

金比羅神社

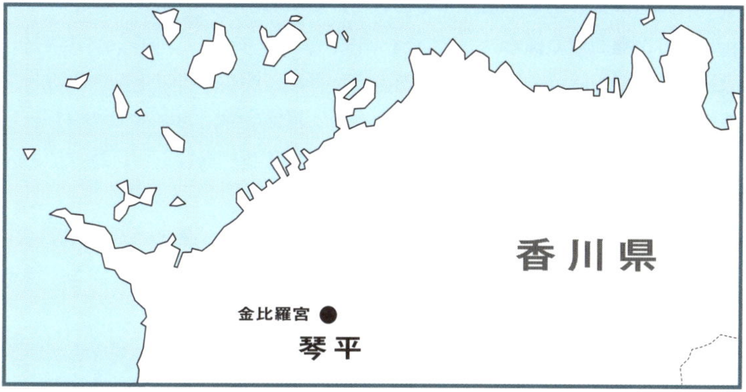

すごい石段

金比羅宮は、その石段でも有名だ。何しろ神社は山にあるので、参道はずっと階段で、本宮まで登るだけで785段、奥社まで登れば何と1368段もあるという。

785段というが、本当は登る階段は786段ある。ところが途中で1段だけ下がっているところがあるので、1段引かれて785段となっている。

No.070

船霊《ふなだま》様

Hunadamasama

船の守護神というよりも、船そのものの魂が船霊様だ。それゆえに、船乗りを守ってくれる神でもある。

●船の魂

日本は、アニミズム（あらゆるものに霊魂が宿ると考える）が長く残り、現在ですら、日本人の魂の中に深く組み込まれている。

当然ながら、船にも魂がある。それが船霊様だ。古くは、『続日本紀《しょくにほんぎ》』にも、この言葉が出てくるほどだ。他に、「船神《ふながみ》様」とか「御船《おふな》様」とか呼ぶ地方もある。

船を新造すると、「御心《ごしん》を入れる」とか「御性根《ごしょうね》を入れる」といい、船に魂を入れる儀式がある。こうすることで、船に魂が宿り、生きるのだ。こうして入った魂が船霊様だ。

通常は、船の帆柱の一番下にくぼみを作って、そこにご神体を納める。ご神体としては、男女一対の人形、女性の髪、銅銭12枚、サイコロ2個をセットで入れる。他にも、白粉や口紅など女性の化粧品、五穀など、地方によって様々なバリエーションがある。

ただ、いずれにせよ、ご神体として納めるものからも想像できるように、船霊様は女性だとされる。このため、女性の機嫌を損ねないためにも、様々な禁忌がある。

まず、船に女性が1人乗ると、船霊様が嫉妬するので、海が荒れるというものがある。もちろん、海女《あま》のように、女性を乗せる小舟もあるわけなので、全てというわけではないが、男性ばかりで運用するような大きな船では、これは長い間信仰されてきた。

また、女性が1人で船を下りる夢は非常に不吉とされる。これは、船霊様が船を下りてしまうことを意味し、魂を失った船はまもなく沈むからだ。

こうして、船霊様を祀っても、不漁が続くときなどはどうするか。いっそのこと、新たな船霊様に来てもらうのだ。今までのご神体を廃棄して、新しいご神体を入れ、新たな船霊様で出直すということも、稀にある。

船乗りを守ってくれる神

西洋の船首像は日本の船霊に相当するものかもしれない。

トラロック

Tlaloc

トラロックは、大地（トラリ）の表面にあるもの（オク）の神だ。生命の神で、破壊の神、そして雨の神だ。

●人々に実りと破滅の両方を与える神

中南米にあったアステカ帝国の雨の神が、トラロックだ。

トラロックは、アステカどころか、その前のトルメカ、さらにそれ以前からずっと、中南米の人々の崇拝を集めてきたとても古い神だ。

彼は、ありとあらゆる降水、つまり、雨だけでなく、雪や雹、雲や雷などを司る。そして、雨が降らないという意味では干ばつも、トラロックの力だ。

このため、作物の豊穣と不作も、トラロックが決めることなので、豊穣神としても崇拝された。

アステカの神話では、今まで太陽はいくつもあって、現在は5番目の太陽が輝いているという。トラロックは、その3番目の太陽を支配していた神でもある。

トラロックの特徴は、その眼鏡にある。なぜか分からないが、トラロックの絵は、常に眼鏡のような輪っかが、目の回りに描かれている。また、口はトウモロコシの穂軸（食べた後の白い部分）の形をしている。

トラロックは、地上に天国を持っている。そこは、トラロカンといい、溺死した人や、落雷で死んだ人、さらに、ハンセン氏病などの伝染病で死んだ者などを、その天国に迎え入れる。その地は、豊かで快楽に満ちた土地だという。そこに迎え入れられる死者は、そのために専用の葬儀が必要となる。通常のアステカの葬儀は火葬だが、彼らだけは乾いた木片とともに土葬される。そうすることで、木片がトラロカンで芽を吹いて、そこで豊かに茂るのだという。

トラロックは、粘土製の四つの壺を持っている。この壺は、東西南北に対応している。トラロックが東の壺を持てば、そこから恵みの雨が流れ出る。しかし、北の壺からは霜が、南の壺からは干ばつが、そして西の壺からは恐ろしい疫病が流れ出し、人々を苦しめるのだという。

実りと破滅の両方を与える古い神

トラロック
- 大地の表面にあるものの神
- 生命の神
- 破滅の神
- 雨の神

大地の全てを司る神

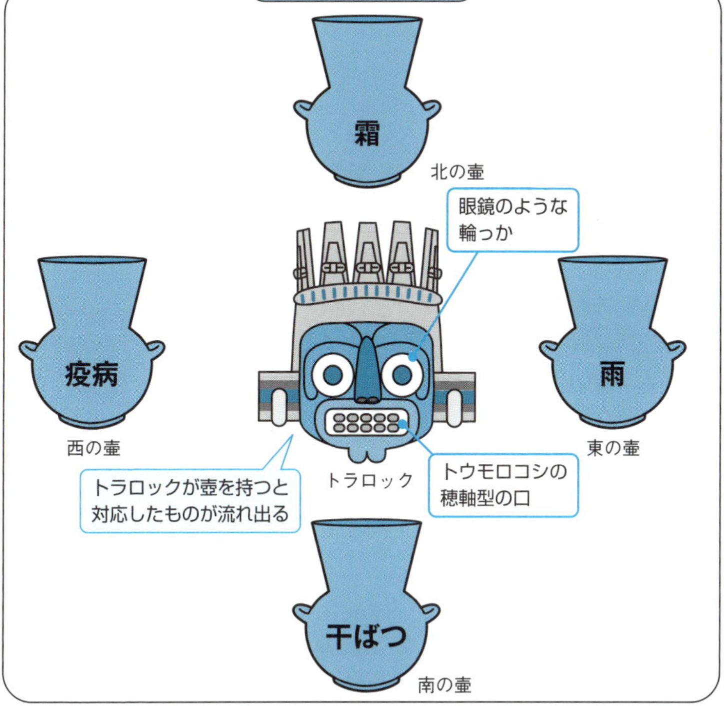

✤チャルチウートリクエ

トラロックの妻は、姉妹でもあるチャルチウートリクエだ。彼女は、河と海と洪水の女神でもある。メキシコ湾は内海になっていて、海も穏やかで、航路も短くてすむため、重要な交易路だった。このため、メキシコ湾のことを、当時の人々は「チャルチウートリクエの水」と呼んだ。

No.072

パリアカカ

Pariacaca

パリアカカは、水を武器として火の神ワリャリョ・カルウィンチョと戦った神である。雨、嵐、洪水の神として知られる。

●5人組の神

インカ帝国以前のアンデス地方で信仰された神で、同名の高山の頂の神でもある。パリアカカのライバルは、獰猛な火の神ワリャリョ・カルウィンチョである。

神話では、かつてこの地方はワリャリョ・カルウィンチョの支配する土地だった。その頃、パリアカカ山の頂上に五つの卵が現れ、そこから5羽の鷹男が生まれた。この5羽が人の姿に変わったのがパリアカカである。彼は、英雄として生まれるとき、5人に分かれて生まれたのだ。

そして、この5人がワリャリョ・カルウィンチョに戦いを挑む。戦いの前に、パリアカカは自分の勝利を予言している。だが、ワリャリョ・カルウィンチョも黙ってやられてはいない。

双方、自分の得意な武器で戦いを始めた。敵は火を、パリアカカは水を武器とした。5人組のパリアカカは、敵の周囲5方向から雨を降らせ、火を消してしまおうとした。だが、敵も巨大な炎と化して、その土地全てを燃やし尽くそうとした。

戦いは一日中続き、パリアカカの水はウラ・コチャという湖に注ぎ込まれた。だが、あまりに水が多いため、湖からあふれ出してしまう。そこで、5人組の1人リャクサ・チュラバは山を動かし、新たな湖を創り出した。そして、その水面が地面より高くなったとき、一気に敵の火を消そうとした。

だが、それでも敵は屈しなかったが、パリアカカは5方向から稲妻を投げつけて、敵に隙を与えなかった。ついに、ワリャリョ・カルウィンチョは降参し、北へと逃れた。

こうして、パリアカカは、この土地の支配権を得た。これは、牧畜民が、この土地にいた農民を制圧し、一部の農民を追放したという歴史の反映といわれている。

5人に分かれて生まれた水の神

パリアカカ — インカ帝国以前のアンデス地方の神
雨、嵐、洪水の神

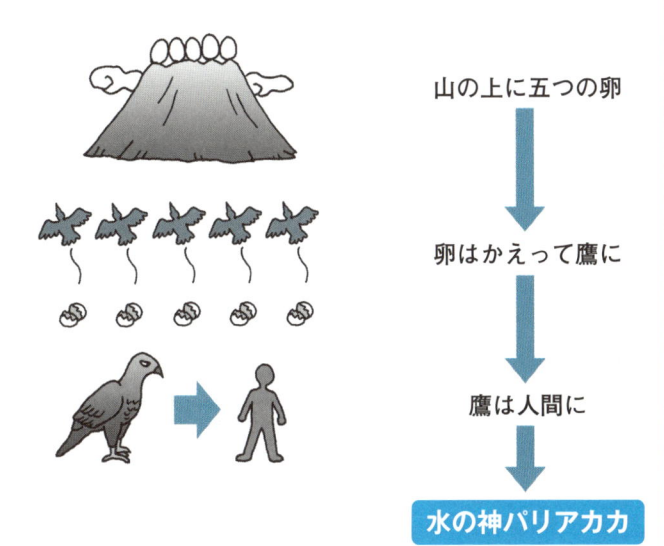

山の上に五つの卵

↓

卵はかえって鷹に

↓

鷹は人間に

↓

水の神パリアカカ

火の神ワリャリョ・カルウィンチョと戦う

↓

勝利 **土地の支配権を得る**

◆パリアカカと洪水神話

パリアカカは、洪水神話にも登場する。

ある村にパリアカカが現れたとき、その村は祭の最中だった。だが、貧しい身なりのパリアカカは祭に相応しくないと、村人はパリアカカを貶した。

だが、1人の娘だけが、パリアカカに酒を飲ませてやった。そこでパリアカカは、娘にだけ、5日後に洪水が起こって村が滅びると教えてやった。

5日後、娘が山に登ると、パリアカカは天に命じて大雨を降らせ、村人は全て溺死した。

No.073

イリャパ

Illapa

インカ帝国でも、雨の有無は重大な問題だった。そこで、雨をもたらす神には、重大な尊敬が払われている。

●南米の天候神たち

インカ神話における天候の神。雨の他に、雷も司る。最高創造神ビラコチャ、太陽神インティ、月の女神キリャ、金星（明けの明星、宵の明星）の神チャスカ＝コイロル、虹の神クイチュと並んで、インカ帝国の主要6神の1柱として、崇拝されている。

作物に豊穣をもたらす雨の神であるため、インカの人々は祈祷を行ったり、供物を捧げたりした。インカ帝国の聖域コリカンチャには、イリャパを祀る神殿もある。

イリャパの姿は、片手に戦闘用の棍棒を持ち、もう一方には投石器を持った戦士の姿である。

天空の川（天の川）マユから、彼の姉妹が壺に水を汲む。イリャパが雨を降らせたいと思うと、その壺めがけて投石器で石を飛ばすのだ。すると、壺が壊れ、雨が降る。石が風を切るヒューという音は風の音、壺の割れる音は雷の音、神が動くことで光り輝く装身具がきらめくのが稲光だという。

イリャパは、さらに古い天候の神トゥヌーパを元に作られた神だと考えられている。

トゥヌーパは、トゥヌーパ・ビラコチャともいい、インカの創造神ビラコチャの数多い姿の一つとされるが、元々は別の神だった。

初期のトゥヌーパは、別名「泣き神」とも呼ばれる空と天候の神で、雨や雷をもたらすことによって作物の実りをもたらす神として、**ティティカカ湖**周辺で信仰されていた神らしい。

実際、インカ帝国よりもさらに古いティワナク遺跡では、その太陽の門の中心にトゥヌーパがレリーフされている。そして、そのレリーフの頭の周りには、放射状に線が描かれ、おそらく太陽光線だろうとされる。つまり、トゥヌーパは天候神でありその関係から太陽神でもあった。

インカ神話

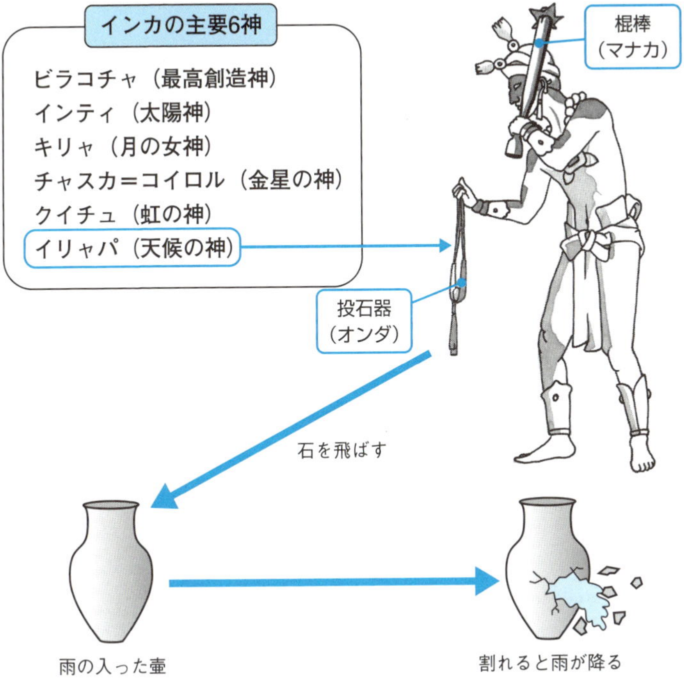

トゥヌーパ

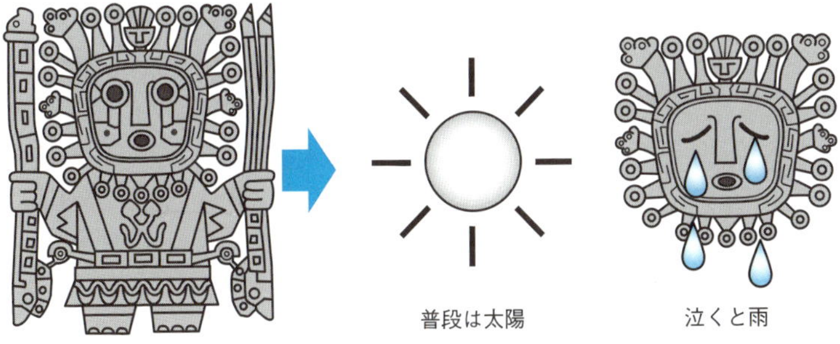

関連項目
●ティティカカ湖→No.087

No.074

イシュ・チェル

Ix Chel

マヤの水の女神は、大変多機能な神だ。女性たちにとって、これほど大事な神はなかった。

●様々な姿を持つ女神

中南米のマヤ神話における水の女神。イシュ・チェルとは「虹の婦人」という意味である。太陽神であるキニチ・アハウの妻とされる。善なる神としては生命の源たる雨の女神であるが、悪しき神としては全てを流し去る洪水の女神でもある。

また、生命の源の神なので、豊穣神でもあり、また女性にとって非常に重要な妊娠と出産の神でもある。このため、ユカタン半島の東岸沖にあるコスメル島にあったイシュ・チェルの神殿には、ユカタン半島全土から多くの女性が参拝したという。その神殿は、女神の像で埋め尽くされていたとされるが、現在では1体の神像も残されていない。

さらには、月の女神であり、また生命の源からの関係であろうが、薬や癒しの守護神でもある。さらには、名前からして虹の女神でもあるという。さらには、機《はた》織りと預言と産婆の守護神でもあったと言うから、非常に多くの機能を持った女神であった。

イシュ・チェルの姿は、二つある。一つは、手に容器を持った「怒れる老女」である。頭に絡み合う蛇を乗せて、骨を十字に組み合わせた模様のスカートをはき、ジャガーの目と爪を持っていることもある。老女の持つ容器には、暴威が入っており、これを傾けては、人間に大雨と洪水を起こすのだ。マヤにわずかに残された文書の一つ『ドレスデン絵文書』では、この姿の女神が記載されている。ただし、この文書では、女神の名前はチャック・チェルとされている。

もう一つの姿は、盾と槍を持った女戦士だ。女戦士は、死と破壊のシンボルで囲まれている。

マヤの暦では、1月は20日からなるが、その17番目のカバン（大地）の日が、イシュ・チェルの司る日とされる。

二つのイシュ・チェル

イシュ・チェル ― マヤの水の神・多機能

イシュ・チェルの姿は二つある

怒れる老女

容器→雨が入っている
蛇→永遠の命のシンボル

女戦士

盾と槍をもっている
死と破壊のシンボルで囲まれている

マヤ

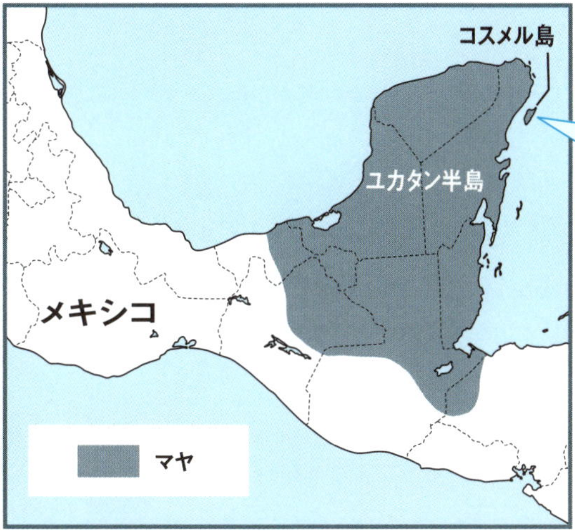

- イシュ・チェルの神殿があった
- 多くの女性が参拝した
- 神殿は女神の像で埋め尽くされていたとされる

DHMO（Dihydrogen Monoxide）

大変危険な物質ディハイドロゲン・モノオキサイド。この物質について知れば知るほど、その恐ろしさに震えが止まらない。

- 水酸の一種で、無味無臭。常温では液体の物質である。
- 古くから工業生産に利用されてきたが、巨大産業の発展により、その使用量が増加している。
- 毎年、日本だけで１万人以上の人が、この物質が原因で死亡している。
- 酸性雨の主成分である。
- 広範囲に分布し、都市の住人だけでなく南極のペンギンからも検出される。
- 地球で発生している温室効果の、主な原因である。
- 海岸線の浸食の主な原因である。
- 原子力発電所の冷媒や化学コンビナートの溶剤としても、大量に使用されている。
- 金属を腐食させ、電子回路を破壊する。
- 遺伝子操作などの危険な実験にも使用される。
- 軍事活動でも重視され、軍産複合体はDHMOの利用のために多額の研究費をつぎ込んでいる。また、世界各地の軍事基地でも、DHMOは備蓄されている。
- やけどの大きな原因の一つである。
- 固体のDHMOが肌に触れると、ひどい炎症を起こすことがある。
- 妊娠中の母親がDHMOを摂取すると、胎盤を通じて胎児にも摂取される。
- にもかかわらず、現在、一切の規制が行われていない。

この説明を行い、人々に「この物質を規制すべきか？」とアンケートを取る。すると、ほとんどの人が、「こんな危険な物質があったなんて、今すぐにでも規制すべきだ」と怒り出すという。

もちろん、DHMOとは、水のことだ。

上の説明は、何一つ間違ったことを書いてはいない。全て事実である。

DHMOは、感情に流された環境保護運動や食の安全運動を揶揄したジョークだ。そして、真に環境問題・食品安全問題を考えるなら、印象や感情に頼らず、定量的科学的議論を行わなければならないことの「ちょっと意地悪な」例として、あげられる。

第3章
水の物語

No.075

洪水伝説 1

Flood legend1

人類が洪水で滅びる伝説で、最も有名なのはノアの箱船である。ノアはどうして箱船を造ったのだろうか。

●唯一神に認められた義人

地上にあるあらゆるものを飲み込み、全てを滅ぼしてしまう大洪水。これによって、地上は破壊され、全ての生き物は滅びてしまう。

こんな洪水伝説を、聞いたことのない人はいないだろう。

その中で、最も有名なのがノアの箱舟であることに異論はないだろう。

これは、『旧約聖書』創世記に載っている物語だ。

当時、地上にアダムの子孫たる人間が増え始めていた。ところが、人は悪いことばかり考えている。このため、神は心を痛め、地上に人間を創り出したことを後悔した。そして、獣も鳥も、全てを地上から一掃することに決めた。しかし、ノアだけは、神に従う無垢な人だった。

そこで、神はノアに箱船を造ることを命じた。この船の大きさは、長さ300アンマ、幅50アンマ、高さ30アンマで3階建てである。1アンマは約45cmなので、ノアの箱舟は、長さ135m、幅22.5m、高さ13.5mである。箱船は、かなりたくさんの動物と、その食料を搭載することができただろう。何しろ、現在の船と違い動力を乗せる必要がなく、しかも、単に浮いていれば良く移動する必要がないので、それこそ箱のような形で十分だっただろうから。

この船を小部屋で細かく区切り、そこにありとあらゆる生き物を1つがいずつ（というが、後では清い生き物と鳥は7つがいだと訂正されている）乗せ、さらにノアの家族（ノア夫妻、3人の息子夫妻の合わせて8人）も乗せた。

こうしておいて、神は40日雨を降らせ続けて、地上を洪水にした。さらに、150日間は、水が引かなかった。さらにノアは40日待ち、鳩を放ったが、まだ地上は水浸しだった。さらに7日、もう7日と経って、ようやく地上の水は引いた。こうして、生き残った人々を神は「産めよ、増えよ、地に満ちよ」と祝福した。

最も有名な洪水伝説

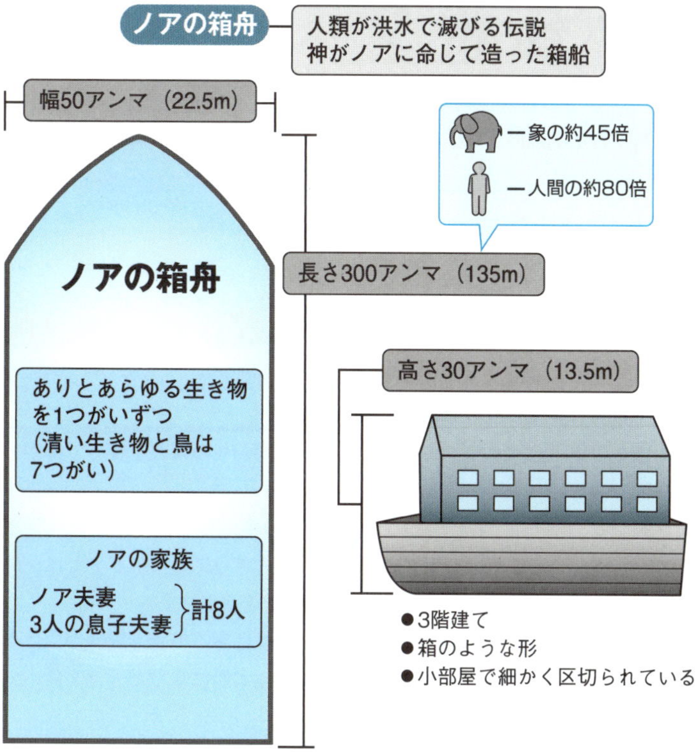

アンマとキュビト

聖書によっては、アンマのことをキュビトと訳しているものもある。

けれども、本来の聖書では、アンマが正しい。これは、アムマー（前腕）から来た言葉で、肘から指先までの長さを表す単位である。

ところが、聖書をラテン語訳したとき、ヘブライ語のアンマではローマ人たちに通じないということで、同じ長さを表すラテン語のcubitumに書き換えた。このため、日本の聖書はキュビトという訳が長らく使われていたのだ。

関連項目
●洪水伝説2→No.076

No.076

洪水伝説 2

Flood legend2

人類は洪水を、よほど恐れているのだろうか。世界の破滅の代表選手は、洪水である。

●世界中にある人類破滅神話

もちろん、最も有名なのはノアの箱舟であるが、これが最古というわけではない。最古の文明といわれるメソポタミア（今のイラク）のシュメール文明の粘土板からも、大洪水で世界が滅んだという記述が発見されている。これなど、紀元前3000年以上の記録である。

また、洪水伝説の伝わる地域も世界中にある。

アフリカに行けば、マサイ族の神話に、争うばかりの人間を嫌って神が大洪水を起こしたという話が残っている。

インドでは、12年も洪水が続き、中空の木の中に食料と一緒に閉じ込められていた男女の子供だけが生き残ったという。さらに東南アジアでは、最も高い山に避難した2人の男女の膝まで水が来たとされる。

それどころか、太平洋の島々にまで、洪水伝説はあるのだ。周囲が海ばかりの地域で洪水でもないだろうと思うのだが、丸木船に乗った人々を除いて、洪水で島にいたものは全滅したとされる。

なんと、アメリカ大陸にすら洪水伝説はある。船を造った男女だけが助かったという神話もあるし、高山に登った2人の男女だけが生き残ったという神話もある。

そして、神は、こうして世界を滅ぼした後に、世界の再創造のために、一対の男女を残す。ノアの箱舟の物語のように、動物たちが一対ずつ残されることもある。この残される男性のことを、洪水英雄という。ノアはもちろん、シュメールのジウスドラ、インドのマヌ、ギリシャにもデウカリオンがいる。

中には、**アトランティス**の伝説のように、津波によって大陸が沈んでしまったという伝説もある。こちらは、誰一人生き残らなかったようで、洪水英雄もいないが、世界全てが破滅したわけではないので人類は無事だった。

どうして、世界中の人々が、同じ神話を持っているのかは、謎である。

世界中にある洪水伝説

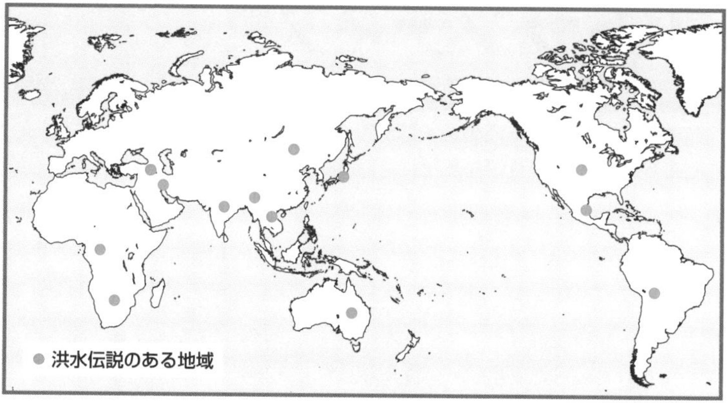

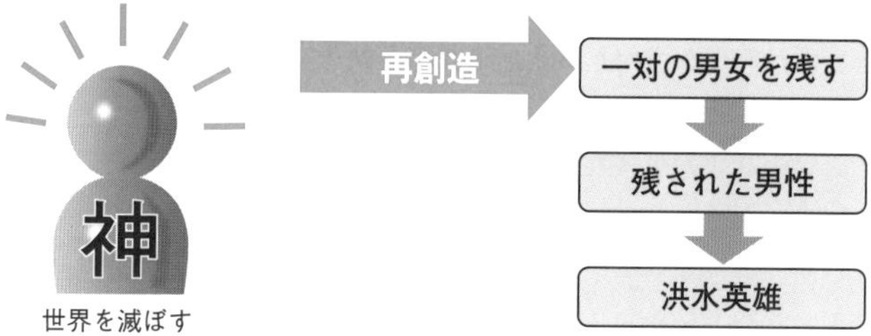

世界中に同じ神話があるのは謎??

海進説

紀元前1万2000年ごろは、海面は現在よりも100mも低かった。

だが、氷河期の終わりと共に海面が上昇し、8000年かけて現在よりも数m高い位置にまでなった。

これによって、ほぼ大陸一つ分ほどの土地が海面下に沈んだ。特に、現在の南シナ海の辺りは日本全土の何倍もある広大な平地だったのが、全て海の底へと沈んでしまっている。

洪水伝説は、世界中で起こったこの海進の記憶が作った物ではないかという説もある。

関連項目

●洪水伝説1→No.075
●アトランティス→No.077

No.077

アトランティス

Atlantis

海に沈んだとされる伝説の大陸アトランティス。その場所はどこだったのか。謎は深まるばかりだ。

●哲学者プラトンの遺作

アトランティス。大西洋上にあったとされる謎の大陸。

このアトランティスについての最初にして最大の記述は、ギリシャの大哲学者プラトンの著書『ティマイオス』と『クリティアス』である。ストラボンやキケロといったギリシャの賢人も、アトランティスについて書いている。

かの国は海神**ポセイドン**を始祖とし、堀を3重に巡らせた円形都市を建設した。そこには高度な文明が栄え、常備軍も優秀であったけれども、平和を愛する理知的な人々が住んでいた。

だが、人は堕落する生き物である。人々は欲望に心を歪め、他国を侵略するような国家になった。プラトンによれば、アトランティスはギリシャに侵略してきたが、ギリシャのポリス（都市）の総力を挙げた反撃によって、その侵略は失敗したという。

こうして堕落したアトランティスを未曾有の大地震が襲い、大陸は大津波によって一夜にして海中に没したという。これが、プラトンの記述するアトランティスの歴史である。およそ1万2000年前のことだという。

これ以外にも、多くの予言者やらオカルティストがアトランティスについて語っている。だが、彼らは自分の幻視を勝手にしゃべっているだけなので、互いに矛盾し、とうてい信用できない。それどころか、プラトンすら読まずにアトランティスを語る（ので、プラトンの記述にすら矛盾する）という不届き者すらいる。せめて、プラトンぐらい読めと言いたくなる。

さて、ではこのアトランティス、いったいどこにあったのか。

もちろん大西洋上が最も有力だが、これもアゾレス諸島説とビミニ諸島説に分かれる。いずれの島でも、謎の海底遺跡のようなものが発見されている。

また、エーゲ海説、ブラジル説など、2000近い説があり、邪《や》馬《ま》台《たい》国《こく》どころではない。中には、南極大陸の氷に埋もれているという説すらある。

伝説の大陸はどこにあったのか？

アトランティス ― 大西洋上にあったとされる謎の大陸

↑

プラトンの著書『ティマイオス』と『クリティアス』に登場

プラトンの記述通りのアトランティス

堀を3重に巡らせた円形都市

ジブラルタル海峡の外にリビア（今のリビア）とアジア（今のトルコ）を合わせたくらいの大きさの島が存在した。

有力な説はアゾレス諸島（ジブラルタル沖）付近とビミニ諸島（フロリダ沖）付近である

アトランティスの話の出所

エジプトの神殿 → エジプトの神官 → 叔父のソロン → プラトン

関連項目

●ポセイドン→No.044

No.078

ムー大陸

Mu

古代ギリシャから伝わるアトランティスと違って、ムー大陸は20世紀になってから“発見”された。

●アトランティスのまがい物

ジェームズ・チャーチワードが、1868年にインド駐在英軍に従軍していたときのことだ。とある寺院の僧に粘土板に書かれた絵文字を見せられた。そして、1880年に陸軍大佐で除隊した彼は、この粘土板の解読に成功し、そこに太平洋上にあった大陸の記録を発見した。

これがムー大陸である。

高度な文明を誇っていたムーだが、かの大陸は1万2000年ほど前に、海に沈み、わずかな生き残りだけが太平洋上の島々に暮らしているのだという。

だが、この話、**アトランティス**とその滅亡にそっくりである。それどころか、沈んだ時期まで同じだ。単に、大西洋のアトランティスの話を太平洋に持ってきただけに見える。

それに、チャーチワードの経歴自体が欺瞞に満ちている。1868年に彼は、わずか16才でしかない。16才の軍人とは奇妙な存在だ。そんな子供に、インドの僧は何千年も隠されてきた寺院の秘宝を、軽々しく見せるものだろうか。そして、退役したときに大佐だったというが、その時彼は28才である。大佐というのは、早くても40代になって就くもので、28才の大佐などアニメでもない限りまずあり得ない。実際、イギリス陸軍に、チャーチワードなどという大佐は存在したことがない。要するに、経歴詐称（しかも、ひどく下手くそな詐称）である。

また、絵文字を解読したというが、彼は生涯、その絵文字を発表しなかった。このため、彼の主張が正しいかどうか、誰一人確認することすら、できなかったのだ。

このように、内容のまがい物臭さ、本人の詐欺師臭さ、発表形式のうさん臭さなどから、ムー大陸は（アトランティスなら信じる人々にすら）真っ赤な偽物と見なされ、現在では明白な嘘と見なされる。

20世紀になってから発見？

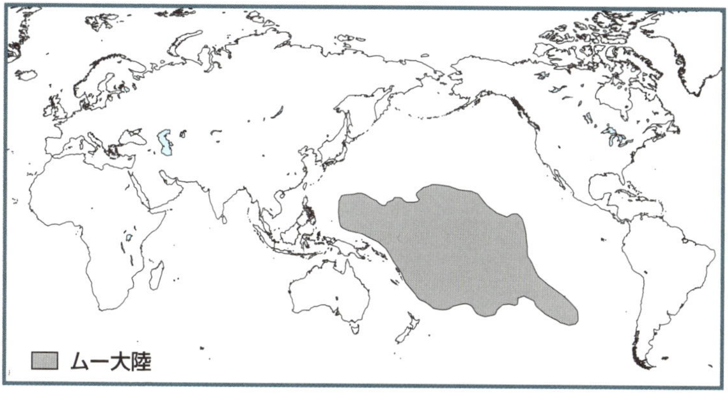

1880年太平洋上にあった大陸の記録を発見？

↓

あり得ないことだらけ → **ムー大陸** ← アトランティスのまがい物？

↓

プレートテクトニクス的にも無理がある

プレートテクトニクス理論（大陸移動説）では、太古のアメリカ大陸とユーラシア大陸は、一つの大きなパンゲア大陸を構成していた。だが、二つをつなげてみると、カリブ海のあたりが海のまま残っているのだ。そこで、アトランティス論者は、実はそこにあった陸地が部分がアトランティスで、大陸移動の狭間に取り残されたアトランティスは、海に沈んだのだと主張した。

ところが、ムーは、プレートテクトニクス理論でも最初から海のままの部分だった。

イースター島

イースター島のモアイ像は、最初建造方法が分からなかった。偏見に満ちた西洋人には、技術レベルの低いしかも少数の人々にモアイが建てられるとは思わなかったのだ。そこで、ムー論者たちが、ムー大陸の進んだ技術で建造したのだと主張した。

だが、その後、住民の技術で十分に建造可能だったことが証明された。さらに、過去のイースター島は十分に人口も多く、建造に必要な人員も用意できることが分かり、モアイの建造は不思議でも何でもなくなった。

関連項目

●アトランティス→No.077

No.079

エリクサ

Elixir

エリクサ。いかなる病も治し、人を超人とする、魔法の薬。そんなものが作れるのだろうか。

●賢者の石のもう一つの姿

錬金術によって、作られる万能の飲み薬。アラビア語の傷薬の粉「アル・イクシル」からきた言葉だといわれている。実際、錬金術書においても、中期以降は液体とされているが、ごく初期の文献を読むと粉薬扱いされていることがある。このことからも、アル・イクシル語源説は信憑性が高い。

賢者の石を液体化したものともいわれており、その色は赤とされることが多い。

では、その効能はいかなるものか。

まず、あらゆる病気、怪我を治すことができる。それどころか、死者に飲ませれば復活するとまでいう。

次に、飲んだ者を、不老不死とする。老人が飲んだ場合は、若返る。また、その肉体を強化し、病気や怪我などをほぼ受け付けなくする。

そして、エリクサの量の3000倍もの卑金属（鉛や錫など）を黄金に変える力を持つ。

このような素晴らしい力を持つエリクサは、賢者の石のもう一つの姿、液体になった賢者の石とも考えられている。ちなみに、賢者の石も赤い（白い賢者の石も存在するが、その力は赤に比べて弱い）。

では、そのようなエリクサは、どうやって作るのか。賢者の石を液体化すればよいのだが、賢者の石を作ること自体、不可能といえる難事だ。

伝説では、硫黄《いおう》と水銀を（塩を追加する場合もある）秘密の比率で混ぜ、それを「哲学の卵」という小型のフラスコで加熱する。当然のことながら、この加熱の温度設定にも秘密のルールがあり、ルール通りに行わなければ、賢者の石は得られない。具体的には、まず60～70度、次に120度くらい、そして220～230度、最後に310～320度くらいと、4段階に加熱していく。できた賢者の石は赤い粉なので、これを液体にしてエリクサを作る。

万能の魔法の薬

エリクサ — いかなる病も治し、人を超人とする薬

その超絶の効能

- いかなる病も治す
- いかなる怪我も治す
- 死者を蘇らせる
- 不老不死になる
- 若返る
- 病気や怪我を受け付けない肉体を作る
- 卑金属を黄金に変える

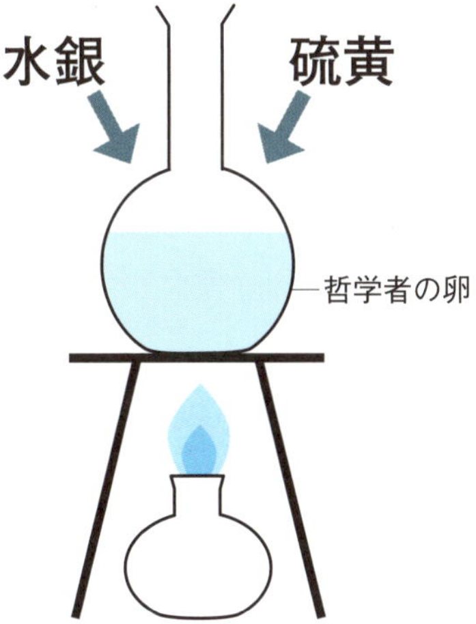

エリクサの作り方

4段階の加熱

①60～70度
②120度くらい
③220～230度
④310～320度

錬金術の飲み薬

錬金術には、あらゆる病を治すパナケアという万能薬がある。これは、エリクサの材料にも使われる。また、パラケルススの提唱した物質で、あらゆる物体を溶かして第一質料に戻すことができるアルカエストなどもある。

No.080

ネクタルとソーマ

Nectar & Soma

多くの神話には、神々の飲み物とされるものがある。神々に力を付け、その不死性を守る神秘の飲み物（酒）だ。

●様々な不死の飲み物

ギリシャ神話における神々の飲み物。それがネクタルだ。

同じく、神々の食べ物は、アムブロシアという。ただし、文献によっては、飲み物をアムブロシアと呼んでいることもあり、混同されて使われていると考えた方がよいだろう。

その味は蜜よりも甘く、素晴らしい香りのある飲み物で、それを飲んだものを不老不死にすることができる。

また、薬品としても使え、傷口に塗ると即座に傷がふさがるという。

英雄アキレスの伝説の中には、アキレスの不死性をネクタルやアムブロシアに求めるものもある。母のテティスは、アキレスを不死にしようとして、アムブロシアをアキレスに塗った。こうしてアキレスは不死の身体を得たが、ついうっかりと塗り忘れていた踵《かかと》が、アキレスの弱点となったという。

同じような神の飲み物として、インド神話のソーマ（神酒）がある。また、その飲み物を神格化した神の名前でもある。また原料となる植物もソーマという。ただ、古代のうちにソーマ草は失われ、代用品が使われるようになった。マドラ（蜜）やアムリタ（甘露《かんろ》）も、ソーマと同じとすることもある。

神々に不老長寿と力を与え、詩人には詩作の天啓を与える。かつて、ソーマが飲めなくなったとき、神々はその力を失ってしまった。また、インドラ神が邪龍ヴリトラと戦ったときも、まずソーマを飲んで力を付けてから戦ったとされる。

アムリタは、アスラ族との戦いに疲弊した神々が、アスラ族を巻き込んで乳海をかき混ぜて創り出した不死の飲み物だ。神々もアスラも、アムリタを自分のものにしようと狙っていたが、ヴィシュヌ神の機知により神々が入手することとなった。ただ、ラーフというアスラだけは、こっそりアムリタを飲み不死になったので、首を切り落とされても死ななかった。

神々に力を与える神秘の飲み物

ネクタル、ソーマ → 神の力の源

	ネクタル	ソーマ	アムリタ	甘露《かんろ》	ハオマ
甘い	○	○	○	○	?
酒	×	○	×	×	○
不死の力	○	○	○	×	○
神の飲み物	○	○	○	×	○
人の飲み物	×	×	×	○	×
薬になる	○	×	×	×	×

ハオマ

ゾロアスター教にもソーマに相当する神酒ハオマがある。ゾロアスター教では酒は悪神アエーシュマに属するとされるが、このハオマだけは善神アシャ・ワヒシュタに属する神の酒として尊重される。

甘露

中国では、天子《てんし》の徳が高く、優れた政治が行われているとき、天から甘い液体が降るとされる。これが甘露である。

こちらは、神の飲み物ではなく、天から人間に下される飲み物だ。

ただ、アムリタを中国語訳するとき、この甘露という言葉を当てたので、アムリタのことも甘露というようになった。

No.081

禊《みそ》ぎ

Misogi

日本神道は、穢れを最も嫌う。そして、その穢れを消す方法こそ、この禊ぎなのだ。

●水の清浄化力

穢《けが》れを払う力。日本人は、その最大の力は、水にあると考えた。彼ら日本人の心が、禊ぎという儀式に表れている。水による清浄化は、他国の神話にもあるが、日本神話では、他と比較にならないほど重要な儀式である。

神道で、重大な神事を行うときなど、その儀式を行う人間が穢れていたのでは、儀式も成功しなくなる。そこで、まず自分自身を水で洗い清めて穢れを無くし、その清い身体で儀式を行う。これが、禊ぎの目的である。

その起源は、古く伊弉諾尊《いざなぎのみこと》が黄泉《よみ》から帰ってきたときに遡る。黄泉の国で穢れてしまった身体を水で洗い清めたのが、最初の禊ぎである。黄泉の国で身体に染みついてしまった死を水で洗い流すこと、これが禊ぎであった。

これは、日本神話においても非常に重要である。なぜなら、最高神の天《あま》照大神《てらすおおみかみ》、英雄神の**素戔嗚尊**《すさのおのみこと》らが、この禊ぎによって生まれたからである。

神事としての寒中水泳や、滝に打たれる修行、水掛祭なども、禊ぎから広まったものといわれる。それどころか、甘酒や赤飯、温泉などをかける祭も、そのバリエーションだ。仏教や修験道でも、水垢離《みずごり》といって冷水を浴びて心身を清浄にしてから神仏に参拝するという風習がある。ところが、この水垢離という儀式だが、中国にはない。どうも、神道の禊ぎの影響を受けて日本で生まれた儀式らしい。日本では、寺などに行くと、手水舎《ちょうずや》があって、柄《ひ》杓《しゃく》で汲んだ水で手を洗う。実は、これは水垢離の簡略化したもので、日本だけの風習だ。あの、石造りの水盤に、柄杓が置いてあり、屋根がかかっている手水舎というものは、実は日本の寺院にしかないものだったのだ。

ちなみに、正式な手水の使い方は、右手で柄杓を持ち水を汲んで左手を洗い、次に柄杓を持ち替え右手を洗う。その後、左手に水をためて口をすすぎ(決して柄杓から直接口に入れてはならない)、その後で飲んだ左手をもう一度洗う。そして、残った水で柄杓をすすいで、元に戻しておく。

日本人の心が凝縮された儀式

日本神道 → 水に穢《けが》れを払う力があるという考え

↓

水で洗い清めて穢れを払う **禊ぎ**

色々な禊ぎ

水浴び

滝に打たれる

手水《ちょうず》

禊ぎと祓いの違い

禊ぎ	→ 穢れに接してしまった者	→ 穢れを取り去る	← 本人は悪くない	
祓い	→ 穢れを起こしてしまった者（罪を犯した者）	→ 穢れを落とす	← 本人が悪事を犯している	

◆政治家の禊ぎ

現代では、「禊ぎ」というと、犯罪を犯した政治家が、しばらく大人しくしていることを意味する。そしてそれだけで、次の選挙には平然として立候補している。そして、当選することで「禊ぎが済んだ」と、前と変わりなく活動を行う。これは、選挙で当選することを、禊ぎと見なしているのだ。

だが、悪事を犯した政治家が「禊ぎ」を行うというのは、その本質からして間違っている。悪事を犯した（つまり何らかの罪を犯した）者者が行うべきは「祓い」であって、「禊ぎ」ではない。にもかかわらず「禊ぎ」なのは、政治家たちが自分は悪くない、ばれるようなことをした他の連中が悪いので、そいつらの影響を追い払いたいと思っていることの反映なのではないだろうか。それって、ちっとも反省していないということなのでは。

関連項目

●素戔嗚尊→No.068

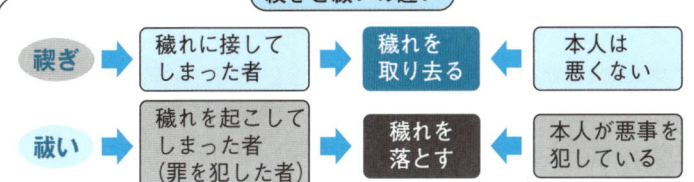

No.082

聖水

Holy water

水は様々な汚れを洗い流す力があり、古来より聖なるものと考えられていた。これをさらに推し進めたのが、聖水だ。

●神により聖なるものとなった水

多くの宗教では、聖なる水というものがあって、貴重なものを洗ったり、人の穢れを払う役目で使われている。その中でも、特にキリスト教の聖水は一般的である。

何より、聖水は、キリスト教の最も重要な儀式といえる洗礼（キリスト教への入信儀式）で重要な役割を果たす。本来的には、キリスト教では洗礼を行うとき、全身を聖水で浸す（これを浸礼《しんれい》という）。ただ、これを大人がやるのは大変なので、浸礼を行うのは赤ん坊などへの洗礼の場合くらいである。大人の洗礼では頭を水に注いだり（灌水礼《かんすいれい》）、手を塗らして頭に押しつけて水に沈めるポーズをする（滴礼《てきれい》）などの簡略化した洗礼を行うことが多い。

この聖水は、元は普通の水で、それを司教や司祭が神に祈りを捧げることで聖別される。カソリックでは、一度聖別された聖水には、普通の水を追加してもその神聖さは失われない。不足したら水を足すだけですむので便利だ。

特に、ローマカソリックでは、教会の入り口に聖水盤という入れ物が置いてあって、信者は教会に入るときにはこの水に指を浸し、十字を切ってから入る。聖水盤は、洗礼を施す部屋にも置かれていることが多い。

東方正教会では、聖水はしばしば飲用に使われる。信者は、しばしば朝の祈りの際に、小さなボトル1杯の聖水を飲む。

悪魔払いのときにも、聖水は使われる。エクソシストは、塩でお清めを行い、続いて聖水を振りかけながら、父と子と聖霊に祈りを捧げて、邪悪なものを追い払う。

聖水は、司祭や牧師などによる聖別以外にも発生しうる。例えば、キリスト教会が認めた奇跡の地である**ルルド**の泉から湧き出る水は、厳密な意味では聖水ではないものの（司祭や牧師などによる聖別が行われていないため）、多くの人からは聖水扱いされている。

汚れを洗い流す聖なるもの

多くの宗教で存在する聖なる水

貴重なものを洗う

人の穢れを払う

キリスト教

- 司教や司祭が神に祈りを捧げることで聖別
- 悪魔払いに使われる
- 洗礼（入信儀式）で使われる

洗礼の方法

- 全身を浸す（浸礼《しんれい》）
- 頭に注ぐ（灌水礼《かんすいれい》）
- 手を濡らして頭に押しつける（滴礼《てきれい》）

教会による聖水の違い

カソリック

- 洗礼に使う
- 教会に入るときに使う
- あとで水を追加しても聖水のまま

東方正教会

- 洗礼に使う
- 飲用に使う
- 毎日聖別する

関連項目

●ルルド→No.084

No.083

閼伽水《あかすい》

Akasui

仏教にも聖水に相当するものが存在する。神仏に捧げられる水、それが閼伽水である。

●仏様に供える水

閼伽《あか》とは、サンスクリット語の”argha(アルガ)”を音訳したものだ。元々、”argh” には「価値がある」という意味があり、そこから「貴人や神仏に捧げる水」のことをarghaと呼ぶようになった。

その意味では、閼伽水とは「水水」という意味になって変なのだが、日本でも中国でも、閼伽水と呼ぶのが一般的になっている。意訳したものとして、「功徳水《くどくすい》」と呼ぶこともある。

仏教では、加持を行った水や、霊泉から汲んだ水、香木を漬けて香水となったもの（仏教では、樒《しきみ》を水に漬けることで香水とする）などを、仏前に供える。これが閼伽水である。

閼伽水の湧く井戸を閼伽井《あかい》という。有名なものには東大寺二月堂の閼伽井や（東大寺のお水取りという法要で使う）、圓城寺《えんじょうじ》金堂脇の閼伽井などがある。また、特別な加持祈祷には特別な場所から汲んできた閼伽水が必要になるということもある。例えば、「大元帥法《だいげんすいほう》」といって国家の安泰や怨敵の調伏などを行う効果の高い祈祷を行うためには、秋篠寺《あきしのでら》の閼伽井から取った閼伽水でなければならないとされる。

儀式のときには、閼伽井などから取ってきた閼伽水を、閼伽桶《あかおけ》に入れ、それを閼伽棚《あかだな》に置いておく。そして、閼伽桶から閼伽坏《あかづき》で汲んで、閼伽器《あかき》に入れる。ついでに、閼伽器に樒の葉などを浮かべることも多い。

修験道では、閼伽はより重要視され、閼伽水は釈迦如来《しゃかにょらい》の清き心を表すものとされる。そして閼伽水によって、自分の不浄を清めるのだ。

修験者は、最も重要な修行である入山修行において、毎日3度、閼伽水を汲み、仏や先達（より経験の深い修験者）に捧げると定めにある。また、このような儀礼の実施法を教える人物を閼伽行者《あかぎょうじゃ》という。

西洋の聖水に相当する水

閼伽水 — 貴人や神仏に捧げる水
「功徳水」と呼ぶことも

↑

加持を行った水、霊泉から汲んだ水、香木を漬けて香水となったもの（樒《しきみ》を水に漬けたもの）など

閼伽器《あかき》と 樒

閼伽器
閼伽水を入れる器

樒
シキミ科の常緑高木。有毒。別名「仏前草」

六種供養

密教では、閼伽を含めて、6種類の重要な供物がある。

- 閼伽➡水
- 焼香（しょうこう）➡線香
- 塗香（ずこう）➡香
- 飯食（ぼんじき）➡食べ物
- 華鬘（けまん）➡花の輪の飾り
- 灯明（とうみょう）➡明かり

❖閼伽とアクア

このarghaが西に伝わって、ラテン語のaqua（アクア）になったという説もある。確かに、サンスクリット語は、インド＝ヨーロッパ語族の源の一つなので、語源が同じでもおかしくはない。だが、真実はまだ分かっておらず、この真偽は定かではない。

関連項目

●聖水→No.082

No.084

ルルド

Lourdes

カソリック教会が認めた奇跡の泉は、ただ1人の少女が、聖なる女性の姿を見たことから始まった。

●病気を治す奇跡の泉の発見

フランスの、スペイン国境にほど近い人口数千人の小さな村。それがルルド村だった。だが、現在のルルドは、世界中に名の知れた奇跡の土地として有名である。それは、ルルドの泉が湧くところだからだ。

1858年2月、ルルドに住む3人の娘が薪と動物の骨を拾いに出かけた。そして、マッサビユエという土地（川と水路の合流地点で、崖があり、崖下には小さな洞窟があった）に行った。

そこで、ベルナデットという娘が、洞窟の上にある小さな洞穴から、美しく気品に満ちた女性が顔を出しているのを見た。だが、他の2人には、何も見えなかった。

ベルナデットは、その話を両親にしたが、両親は娘が悪魔にでも魅入られたのではないかと恐れて、マッサビユエに行くことを禁止した。だが、女性の姿が忘れられない彼女は、教会に行ってそのことを告解した。だが、神父にも、それが聖なることか悪魔の仕業かは分からない。そこで、神父は、女性に名前を聞いてくるようにと、彼女に告げた。

ベルナデットは、女性に言われて、毎日洞窟へと出かけた。それが評判となり、見物人も増えるようになった。もちろん、誰にも女性の姿など見えなかったのだが。

ベルナデットに、女性は「私は無垢の受胎です」とラテン語で答えた。もちろん、ベルナデットはラテン語など知らないので、神父に発音をそのまま伝えた。神父は驚いた。この言葉は、聖母マリアを意味するのだ。

ある日、彼女は洞窟の地面を掘ると、そこから泉が湧き出した。右腕を痛めて指が麻痺していたカトリーヌという女がその泉に手を漬けると、なんと指が動くようになったのだ。これが、ルルドの泉の奇跡第1号とされる。

病気を治す奇跡の泉

photo by Beyond Forgetting

マリア像

ルルドの洞窟に掲げられたマリア像。下にある、「QUE SOY ERA IMMACULADA COUNCEPSIOU」は、ラテン語で「私は無垢の受胎です」という意味で、原罪を持たずして受胎したマリアのことを表す言葉である。

現在のルルド

ルルドの泉には、大きな聖堂が建てられた。そして、数多くの巡礼者が集まる、一種の大観光地となっている。

またベルナデットは修道院に入り、1879年にわずか35才で亡くなったが、彼女の遺体は不思議議にも腐敗せず、そのままガラスケースに収められた。1925年には、彼女は教皇から聖女として聖別された。

奇跡のルール

ルルドの泉には、のべ2億人以上の巡礼者が訪れているが、そのうち奇跡の治癒と教会が認めたものは百件もない。これは、奇跡の認定が非常に厳しいことも関係している。奇跡と認められる条件は、右のようなものである。

1. 治療不可能な病気であること

2. 治療しないで突然完治すること

3. 再発しないこと

4. 医学的説明が不可能なこと

No.085

養老《ようろう》の滝

Yoronotaki

霊水か、さもなければ酒か。いずれにせよ、ただの水ではない。おそらくは霊水の伝説が元になっているのだろう。

●異なる二つの伝説

日本では、養老の滝伝説は、大きく分けて2種類が伝わっている。養老水と養老の滝である。片方は、霊水の湧く話であり、もう一方は酒の湧く話である。

日本の勅撰史書である『続日本紀《しょくにほんぎ》』に、霊水の湧く話が載っている。

霊亀《れいき》3年、元正《げんしょう》天皇が美濃《みの》（岐阜県）に行幸したときのことだ。そこに、素晴らしい霊泉が湧いていると聞き、天皇は手や顔を洗った。すると、肌がなめらかになった（元正天皇は女帝なので、肌がきれいになるのは重要な関心事らしい）。さらに、痛いところを洗った、すると、痛みがなくなった。また、土地の者の話では、病が癒えたり、禿頭《とくとう》に毛が生えたり、さらには見えなくなった目が再び見えるようにすらなったという。

天皇は、自分のような平凡な天皇にとって、美泉は大瑞《たいずい》（おめでたいしるし）であるとして、霊亀3年を養老元年と改めた。養老としたのは、中国の故事にならったものだという。

鎌倉時代の『十訓抄《じっくんしょう》』は、別の伝説を伝える。

元正天皇の世に、貧しい男がいた。彼は木こりで、毎日薪を取っては町へ売りに行き、帰りに年老いた父に酒を買って帰るのが習慣だった。

ある日、彼は薪を取ろうとして苔むした岩に滑り、うつ伏せに転んでしまう。すると、酒の匂いがする。周囲を見回してみると、石の中から水が流れてくる。そして、その水は酒によく似た色をしている。汲んでみると、非常によい酒だ。こうして、彼は老父に満足するまで酒を飲ませてやることができた。

帝は、このことを聞いて、孝行な息子だと感心し、彼を美濃守《みののかみ》にしてやった。そして、その酒の出るところを養老の滝という。

こうして、有名になったのが、岐阜県養老郡にある養老の滝である。

2種類の伝説を持つ滝

養老の滝伝説

養老水

↓

霊水の湧く話
『続《しょく》日本紀《にほんぎ》』

元正天皇が霊泉の噂を聞き洗顔
↓
肌がなめらかになったり、痛みが消えたりした
↓
霊泉を記念して元号を養老に改める

養老の滝

↓

酒の湧く話
『十訓抄《じっくんしょう》』

貧しい木こりが石から流れ出す酒を発見
↓
父親に満足するまで飲ませる
↓
酒の出るところを養老の滝というようになった

↓

岐阜県養老郡にある
養老の滝が有名に

↓

養老の滝

落差32mの、かなり大きな滝。霊水や酒とまでは言わないものの、日本の名水百選にも選ばれている名水である。

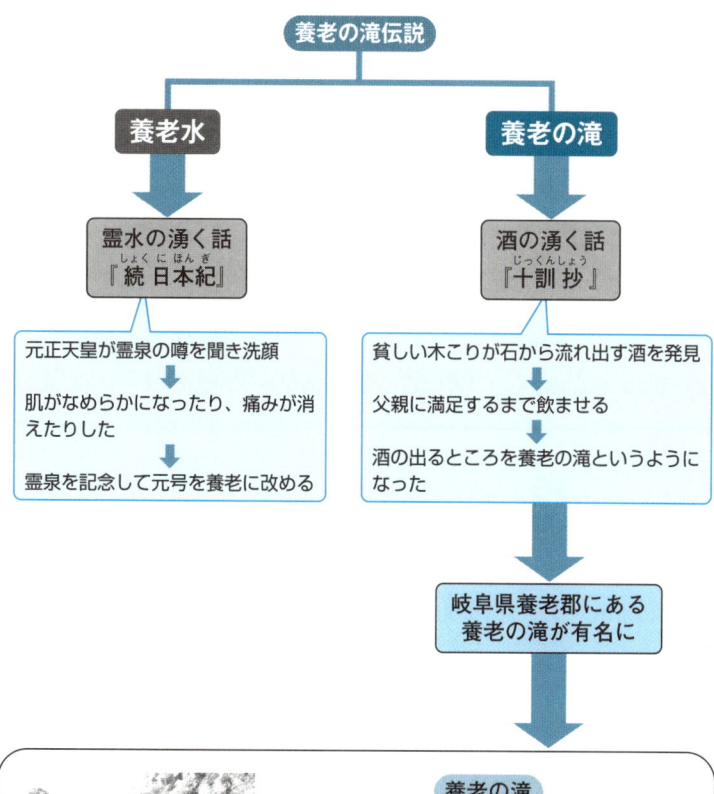

No.086

三途《さんず》の川

Sanzunokawa

現世と冥界を分ける河は、世界中に存在する。日本では、三途の川と呼ばれている。

●昔は橋で渡れた川

日本の伝説において、この世とあの世の間にある川。三途の川とは俗称で、『十王経《じゅうおうきょう》』という中国で作られた経典では、「葬頭河《そうずか》」という名前である。

川のこちら側を仏教の言葉で此岸《しがん》といい、向こう側を彼岸《ひがん》という。

三途とは、死者が行くべき六道《ろくどう》（天道・人間道・修羅道・畜生道・餓鬼道・地獄道）のうち、悪人が行くといわれる三悪道のことを意味する。つまり、三途の川とは、本来は三悪道を流れる川のことだったらしい。

だが、まもなく三途の川は、あの世とこの世を分ける川となった。そして、三途の川とは、川を渡る方法が三つあったためという俗説が広まった。善人は、金銀七宝で飾られた橋を渡ることができる（橋渡《きょうと》という）。罪の軽いものは、山水瀬《さんすいせ》（または浅水瀬《せんすいせ》）という浅瀬を渡ることができる。この浅瀬は、膝下くらいまでなので、なんとか渡ることができる。だが、罪の重いものは、強深瀬《ごうしんせ》（または江深瀬《ごうしんせ》）を渡らなければならない。流れは速く、波も大きく、上流から岩が流れ、底には大蛇が住むという瀬だ。

ところが、平安時代末期ごろから、誰もが渡し船で渡るようになる。渡し賃は、6文と決まっている。死者の棺桶には、必ず六文銭を入れる習俗があった。現在でも、6文は存在しないので、代わりに印刷した六文銭を棺桶に入れる。

三途の川の向こう岸には、奪衣婆《だつえば》と懸衣翁《けんえおう》という老人がいる。奪衣婆は、渡し船でやって来た死者から、渡し賃の6文を取る。しかし、持っていなかった場合は、その衣類を奪い取る。懸衣翁は取った衣類を衣領樹《えりょうじゅ》という木に懸ける。川を渡るとき、悪人は波の荒いところを通るためにびしょ濡れになる。このため、木の枝は低く垂れ下がる。この垂れ具合で、死者の罪の重さを量るのだ。死者が服を着ていない場合、衣の代わりに生皮をはがして木に懸けるのだという。

世界中に存在する河

三途の川 ― 日本の伝説において、この世とあの世の間にある川

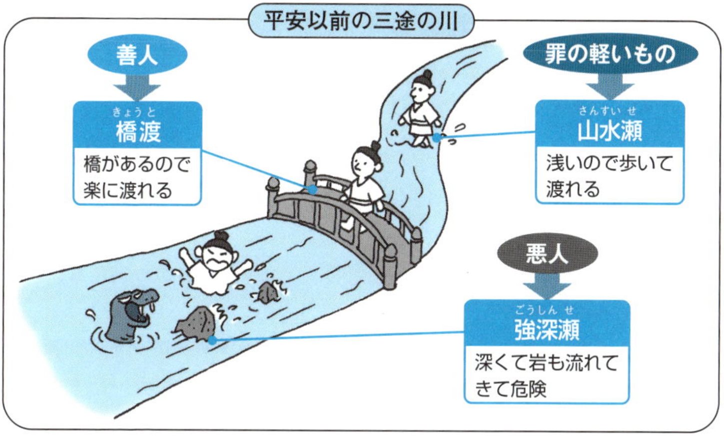
平安以前の三途の川
善人
橋渡《きょうと》
橋があるので楽に渡れる
罪の軽いもの
山水瀬《さんすいせ》
浅いので歩いて渡れる
悪人
強深瀬《ごうしんせ》
深くて岩も流れてきて危険

平安以降の三途の川
渡し船
誰でも6文払えば渡れる

◆賽《さい》の河原

三途の川のこちら側を賽の河原という。ここは、親に先立って死んだ子が、親不孝だとして苦しみを受ける場だという。子供たちは、賽の河原で親の供養のために積み石で塔を建てるよう命じられる。だが、完成させる前に鬼が現れ、塔を壊してしまう。このため、子供たちは永遠に石積みを続けなければならない。さすがに、最後には地蔵菩薩《じぞうぼさつ》によって救済されるのだが、それまでの長い間、苦しみは続く。このため、賽の河原は「徒労」とか「報われぬ努力」とかを意味する言葉にもなっている。

ただし、これは民間の俗信であって、仏教本来の教義には存在しない。

No.087

ティティカカ湖

Titicaca

ティティカカ湖は、南米の神話で最も重要とされる土地だ。古代南米の、文化・政治の中心が、ここティティカカ湖だったのだ。

●世界が生み出された地

南米ペルーとボリビアの国境沿いにある湖。インカ神話において、非常に重要な役割を果たしている。

古代南米では、ティティカカ盆地の中心にあるティティカカ湖、およびその沿岸にある古代都市ティワナクが、世界の中心だった。インカの人々だけでなく、その周辺に住む多くの民族が、その起源をティティカカ湖に求めている。すなわち、南米の人々の共通の祖先の地こそが、ここなのだ。

湖の水は、インカ神話の創造神ビラコチャ（この名前自身、「創造の湖」とか「海の泡」といった意味を持つ）が、自らが創造した生き物たちの苦しみを見て、流した涙なのだという。

ビラコチャは、最初暗闇の世界を造り、石で作った巨人たちを住まわせた。だが、巨人はビラコチャに反抗したので、これを洪水で滅ぼしたり、石に戻したりした。

そして新たに、粘土をこねて現在の人間を作った。だが、まだ世界は暗いままだった。

そこで、ビラコチャは、ティティカカ湖にある二つの島、太陽の島と月の島から、それぞれ太陽と月を空へと昇らせた。そして、その後は、太陽も月もビラコチャの命令によって、空を巡るようになったという。別の伝承では、太陽も月も、さらに星も、全て太陽の島から昇ったというものもある。

インカの建国神話でも、ティティカカ湖は重要な役割を果たしている。伝説のインカ初代皇帝マンコ・カパックは、パカリタンポ洞窟の穴から現れたというが、実はその前がある。ビラコチャは、マンコ・カパックに頭飾りと石斧を与え、インカ人が偉大な王となり多くの国々を征服すると予言した。この予言を得て、マンコ・カパックは太陽の島から地底に入り、地底を通ってパカリタンポ洞窟の穴から現れたのだという。

南米の神話にかかせない存在

ティティカカ湖 ― インカ神話において重要な役割を果たす

↓

古代南米の中心地 ― 南米の人々の共通の祖先の地

↓

湖の水は創造神ビラコチャの流した涙

ビラコチャ

↓

暗闇の世界を作る

↓

石で作った巨人たちを住まわせた

↓ 巨人が反抗

巨人を洪水で滅ぼしたり石に戻したりした

↓

新たに粘土で人間を作る

↓ 世界は暗いまま

ティティカカ湖にある島
太陽の島　月の島

↓

太陽と月を空へ登らせた

↓

世界が生み出された

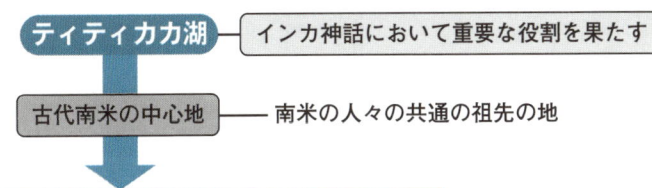

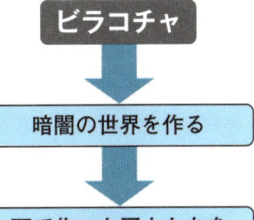

No.088

バミューダ・トライアングル

Bermuda Triangle

過去に渡り、何隻もの船、何機もの飛行機が謎の消失を遂げ、魔の三角海域と呼ばれている。

●捏造の魔の海域

フロリダ半島の先端、プエルトリコ、バミューダ諸島の3ヶ所を結んだ大西洋の三角形の海域のこと。謎の船舶や飛行機の消失事件が起きるというので、有名になっている。

その原因として、様々な説がある。その中には、宇宙人による誘拐説とか、ブラックホールに吸い込まれた説など、怪しいものも多い。

その中で最も有名なのが、1881年に起こったとされるエレン・オースティン号事件だ。

大西洋上でイギリスの船エレン・オースティン号が、誰も乗っていない船に遭遇した。船長は、この船を回収しようと、数人の水夫に命じて船に乗り組ませた。だが、その時に、スコールのため2隻は離ればなれになってしまった。数日後、エレン・オースティン号が船を発見したとき、そこには乗り組んだはずの船員たちの姿はなかった。船長は、再び船員を乗り組ませたが、再びスコールが発生し、見失った船は二度と発見されることはなかった。

というのだが、これだけの大事件にもかかわらず、当時の新聞に全く紹介されていない。それどころか、エレン・オースティン号という船の記録すらない。こちらの船は、無事に到着したはずなのに（でなかったら、誰がこの話を記録するのだ）。

実際、確かにこの海域で遭難した船や飛行機の事例はいくつもあるが、そのほとんどは、ハリケーンや時化《しけ》のひどいときに起こっている。オカルト本作者たちは、わざと悪天候の事実を伏せておき、晴れの日の消失のように見せかけていた。

それどころか、中には、捏造の事件まである。1969年に、ビル・ヴェリティというヨットマンが行方不明になった事件など、なんと当のビル・ヴェリティが、生きてぴんぴんしていたというていたらくだ。

魔の三角海域

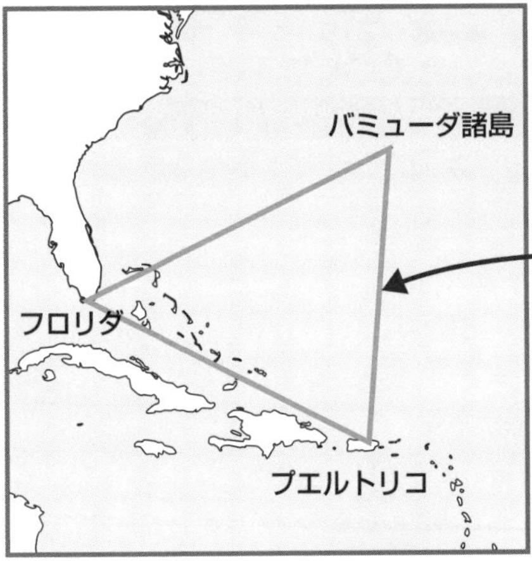

バミューダ・トライアングル

フロリダ半島の先端、プエルトリコ、バミューダ諸島の3ヶ所を結んだ大西洋の三角形の海域

謎の船舶や飛行機の消失事件が起きることで有名

原因 ―― さまざまな説がある

- 宇宙人による誘拐？
- ブラックホールに吸い込まれた？

怪しいものも多い

- 見せかけ
  悪天候の事実を伏せる
- 捏造
  行方不明事件をでっち上げる

◆マリー・セレステ号

バミューダ・トライアングルの代表例として上げられるのが、1872年のマリー・セレステ号の乗組員消失事件（船はメアリー・セレステ号が正しいが、コナン・ドイルが、この船をモデルにマリー・セレステ号という船が登場する小説を書いたので、創作の船のほうが有名になってしまった）だ。

実際、この事件の原因は、はっきりわからないままだ。

だが、この事件をバミューダ・トライアングルの事件とするのは、決定的に間違っている。というのは、この船は、バミューダ・トライアングルとは別の海域を航行中に、乗組員が消失したからだ。

No.089

サルガッソー海

Sargasso Sea

船の墓場と呼ばれるサルガッソー海。いったい、いかなる脅威が、船を襲うのだろうか。

●帆船にとっての魔の海

バミューダ・トライアングルと一部重なっていて、やはり船の遭難を引き起こすといわれているのが、サルガッソー海だ。船の墓場ともいわれ、帆船時代の船乗りから非常に恐れられた。

こう書くと、とても狭い魔の海域のように思われるかもしれないが、そうではない。サルガッソー海とは、北大西洋のど真ん中の広大な部分のことをこう呼ぶのだ。

この海域は、メキシコ湾流が分岐して流れ込み渦を巻いていて、周辺の海から、大量の海藻が集まってくる。間違えてはいけない。海草ではない。海藻だ。つまり、大量の藻が発生して、水がぬめっと粘っている。夏場に、池や水槽に藻が大量発生して困ることがあるだろう。海全体が、あのような状態になっているのだ。こうなると、海の抵抗が大きくなり、船の進行を大いに妨げる。

しかも、この海域は、亜熱帯の無風地帯にある。つまり、帆船にとって命ともいうべき風がろくに吹かないのだ。

これが、帆船時代の船にとって、最悪のコンディションだということは、誰にでも分かるだろう。この海域を、ホース・ラティチュード（馬の緯度）というのも、食料を大量に消費する馬を殺して、自分たちが食べなければならない事態が多く発生したからだ。

そして、船が進まないままに食糧が尽きて遭難した船も多かった。そのような船には、藻が絡みつき、腐敗して、いずれは沈んでいく。

サルガッソー海が船乗りの脅威でなくなったのは、スクリュー船の時代になり、藻が絡まることもなく、たとえ絡まってもスクリューの力で切断できるだけのパワーを発揮できるようになってからのことだ。

船の墓場といわれる魔海

なぜ海の墓場といわれるのか？

サルガッソー海

↓

周辺の海から大量の海藻が集まる

↓

水がぬめり、粘っているので船の進行を妨げる

↓

亜熱帯の無風地帯→風がろくに吹かない

↓

船が進まないままに食糧が尽きて遭難

↓

藻が絡みつき、腐敗し、沈んでいく

サルガッソー海域とは

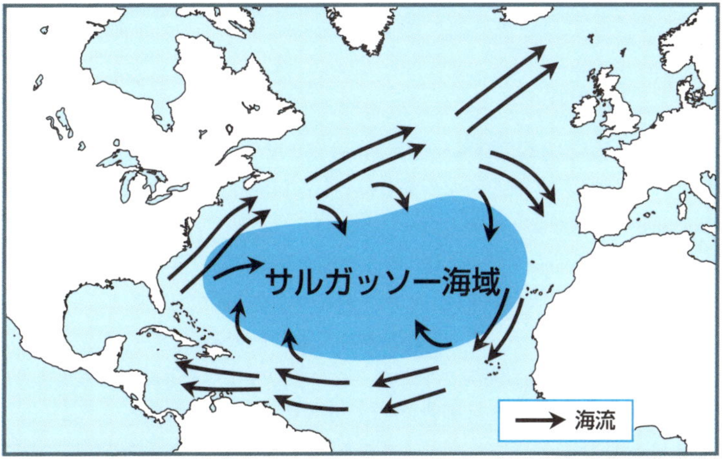

関連項目

●バミューダ・トライアングル→No.088

No.090

さまよえるオランダ人

The Flying Dutchman

神の呪いとは、永遠に続くものだ。不老不死も、こうなっては悪夢以外の何物でもないだろう。

●神を呪った男

その男の名前はヴァン・デル・ヴェッケンという。

彼は喜《き》望《ぼう》峰《ほう》周りの貿易船の船長だった。だが、喜望峰沖は年中嵐が吹き荒れる危険な海だ。その嵐にうんざりした船長は、ついにこんな嵐の海を作った神を呪って悪態をつく。これが神の怒りに触れてしまう。

船長は、神の呪いを受け、二度と陸に到着することはなく、永遠に嵐の海をさまよい続けなければならない。今でも、喜望峰沖を航海する船は、このオランダ人の船を遠くから見かけることがあるという。しかし、決して近づいてはならない。嵐で沈むか、同じ呪いを受けることになるからだ。

これはイギリスの伝説である。当時、イギリスとオランダは東洋貿易の独占を狙って対立していた。オランダ人の船は、イギリス人にとって恐ろしい敵だったのだ。

この伝説を元に、リヒャルト・ワーグナーがオペラ『さまよえるオランダ人』を作曲した。

こちらの物語では、オランダ人は、7年に1度だけ上陸することができる。しかし、その時に清純な乙女の愛を得られない限り、再び船出して7年の間さまよわなければならないのだ。

ノルウェーの船長ダラントは、財宝と引き替えに、自分の娘をオランダ人にやろうと言う。娘ゼンタは、オランダ人の不幸に同情し、救ってあげたいと思う。そして、オランダ人の船が到着するのを待つ。

だが、娘を愛する青年エリックが、ゼンタの行くのを邪魔しようとする。その姿を見たオランダ人は裏切られたと思い、再び船出する。

ゼンタは、自らの誠意を船から見える岩の上で叫び、その証明として海に身を投げる。ゼンタの愛を得た船は呪いを解かれて、沈没する。そして、オランダ人とゼンタは、ともに救いを得て昇天していく。

永遠に続く神の呪い

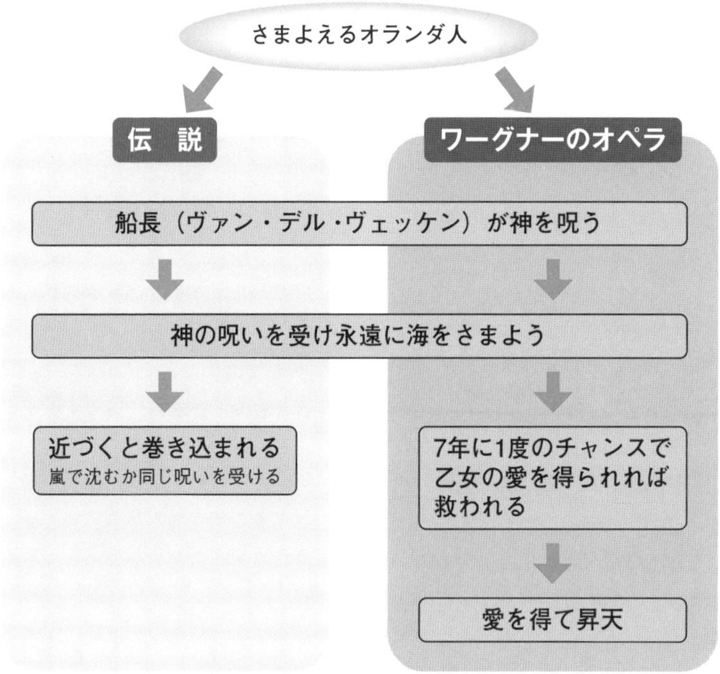

さまよえるオランダ人
伝　説
ワーグナーのオペラ
船長（ヴァン・デル・ヴェッケン）が神を呪う
神の呪いを受け永遠に海をさまよう
近づくと巻き込まれる
嵐で沈むか同じ呪いを受ける
7年に1度のチャンスで
乙女の愛を得られれば
救われる
愛を得て昇天

❖オランダ人か幽霊船か、空飛ぶのかさまようのか

"dutchman"には、実は「オランダ人」以外に「幽霊船」という意味もある。イギリス人が恐れたのは、もしかしたらオランダ人ではなく、幽霊船だったのかもしれない。"flying"は、本来なら「空飛ぶ」という意味だが「さまよう」という意味もあり、この言葉では、そちらが使われている。

なので、"flying dutchman"には、本稿以外に「さまよえる幽霊船」「空飛ぶオランダ人」「空飛ぶ幽霊船」などと解釈することもできる。

1969年制作の東映アニメ映画『空飛ぶゆうれい船』は、その一つを題名にしたものだ。また、オランダのサッカー選手ヨハン・クライブや、米メジャーリーグの名遊撃手ホーナス・ワグナーも、この愛称で呼ばれていたが、これは「空飛ぶオランダ人」という意味で使われたものだ（ワグナーはオランダ系アメリカ人だが）。

No.091

幽霊船

Ghost ship

夜、ぼろぼろの帆船が近づいてくる。誰も乗っていないのに、海を行く幽霊船とは何者なのか。

●船自体が幽霊になったもの

幽霊が操船している船は、洋の東西を問わず、船員たちの間で語り継がれている。多くは帆船だが、汽船だったり、軍艦だったりすることすらある。

幽霊船とは、夜（稀に霧の立ちこめた昼間という例もある）に、どこからともなく人の乗っていないぼろぼろの船が現れるものだ。そんなぼろ船で、誰も乗っていないにも関わらず、沈没することもなく、永遠に海の上をさまよい続ける。

幽霊船には、船員は誰も乗っていないが、時には骸骨と化した船員が働いていたり、幽霊となった船員が姿を現したりすることもある。

だが、幽霊船自体が、他の船に攻撃してきたりすることはない（もちろん、不遜にも幽霊船に乗り込んだ人間まで無事にすむとは言わないが）。だが、幽霊船は極めつけの凶兆で、それを見た船は嵐にあって沈没したり、座礁して動けなくなったり、見た者に不幸を引き寄せたりする。

アイルランドの伝承では、幽霊船は（帆船であるにもかかわらず）風上に向かって進むことができるという。同じアイルランドでは、1798年に空を飛ぶ幽霊船の目撃例がある。それどころか、フランスのブルターニュ地方には、陸上を走る幽霊船の伝承すらある。

幽霊船は、疫病などで船員が全滅してしまった船、船火事などで船員が脱出したものの燃え残った船、港でしっかりと停泊していなかったので流れ出した船などからできるといわれている。

例として、1775年に、グリーンランド近海で発見された船オクタヴィアスがある。甲板には誰一人いない。乗り込んだ船員が見たものは、デッキの下で冷凍になっている船員たちの死体だった。日誌を見ると、1762年が最後である。つまり、この船は13年間凍ったままで海を漂流していたのだ。

ただし、この話自体が作り物だという話もある。

船員たちの間で語り継がれる船の幽霊

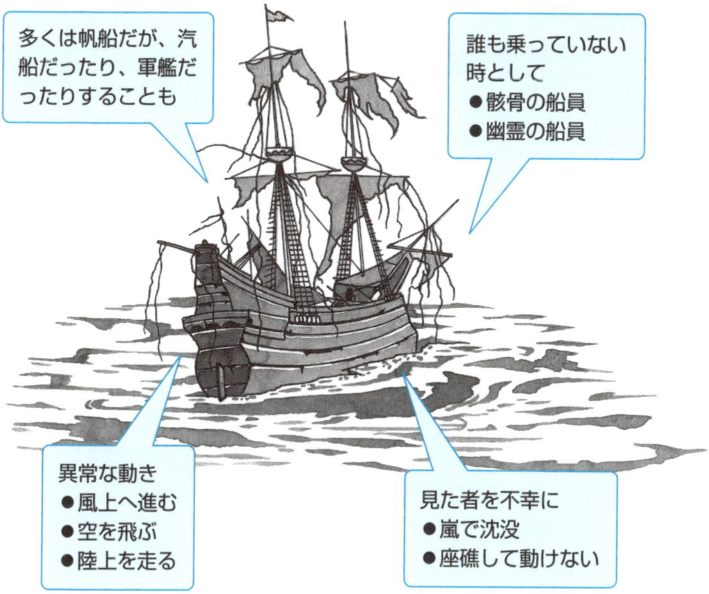
多くは帆船だが、汽船だったり、軍艦だったりすることも
誰も乗っていない時として
●骸骨の船員
●幽霊の船員
異常な動き
●風上へ進む
●空を飛ぶ
●陸上を走る
見た者を不幸に
●嵐で沈没
●座礁して動けない

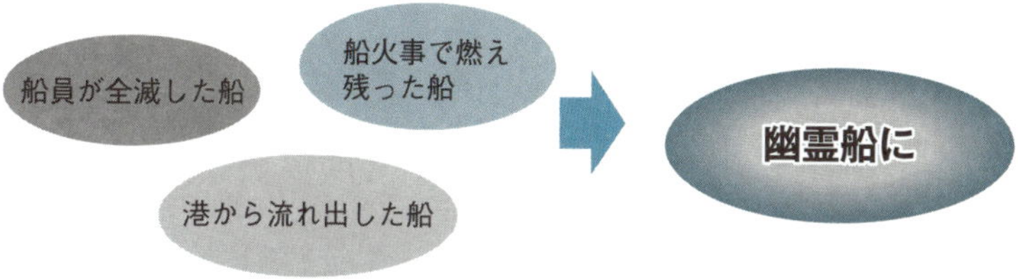
船員が全滅した船
船火事で燃え残った船
港から流れ出した船
幽霊船に

✤創作の幽霊船

幽霊船は、フィクションに登場することも多い。映画では、第二次大戦中にすでに『幽霊船(The Ghost Ship)』というモノクロ映画が制作されている。

日本では1969年のアニメ映画『空飛ぶゆうれい船』が名作として知られている（この作品の幽霊船は実はハイテクメカなのだが）。

また、ディズニーの『パイレーツ・オブ・カリビアン』にも登場している。

No.092

海賊（プライヴェティア）

Privateer

国の許可証を得て海賊をした男たちがいた。その中には、提督に出世したものも、海賊に落ちぶれて縛り首のものもいた。

●国王の海賊

海のあるところ、必ず海賊はいる。それこそ、現代にも、サブマシンガンで武装した海賊が貨物船を襲っている。けれども、我々が海賊といって想像するのは、やはりカリブ海の海賊だろう。

だがそれだけではない。16～18世紀ごろに欧米の海で活躍した海賊たちにも、様々な区別がある。

まずはプライヴェティア。これは国王の海賊ともいわれる。16世紀、イギリスとスペインが戦争状態にあったとき、英国王は、民間の船に他国の船を襲っても良いという許可証を発行した。分け前は、王と半々である。こうして、スペイン船を襲うようになった人々を、プライヴェティアという。

これは、大変有利な仕組みだった。

王としては、敵国の交易路を破壊する軍船を無料で手に入れることができる上に、分け前まで手に入る。

海賊としても、上がりを持って行かれるのは痛いが、海賊行為をしても犯罪にならず（もちろんスペイン側に捕まったら縛り首だろうが）、安心して整備や休息のできる港が手に入る。

おかげで、私掠船（許可証を持った海賊船）は大繁盛、中にはサー・フランシス・ドレークのように、海賊をしながら世界一周まで成し遂げ、ついには英国海軍提督にまで出世するものまで現れた。

また、キャプテン・キッドの財宝の伝説で有名なウィリアム・キッドも、私掠船の船長であった。彼は17世紀の海賊で、最初は私掠船長だったが、それだけでは儲からないので、見境なく船を襲うようになった。彼は、縛り首になる前に、その財宝をどこかに隠したといわれている。この伝説は、名作『**宝島**』などを生み出す元になっただけでなく、現代になっても、その宝を探す人々が絶えない。

出世の道もあった国王の海賊

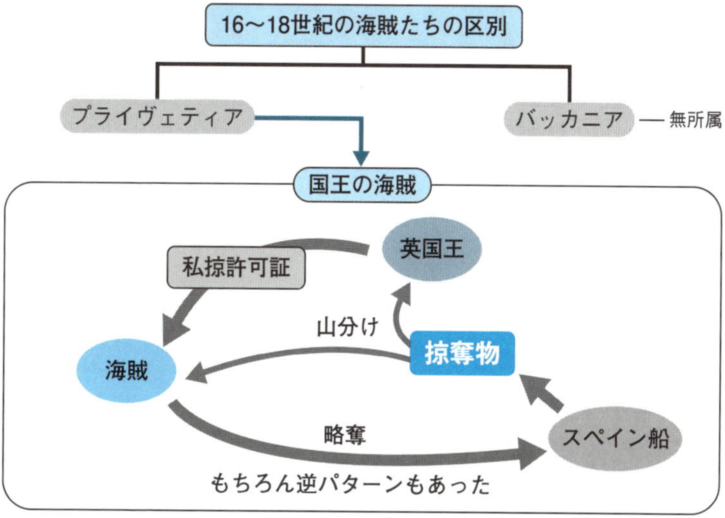

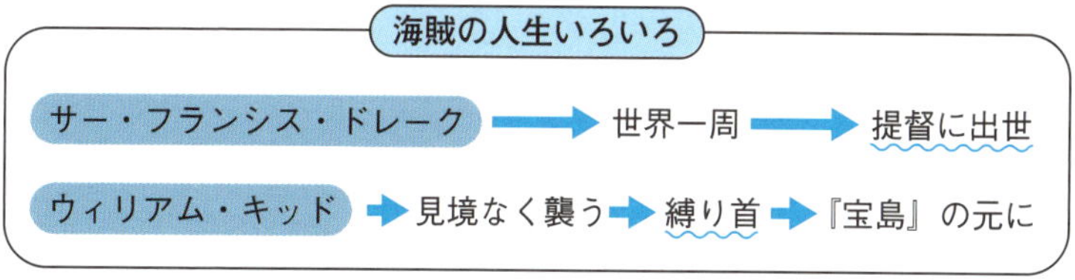

弱者の戦法

もちろん、当時のスペインも私掠許可証を出してイギリス船を襲わせた。

だが、この戦法は、海に商船がたくさんあるほうが不利になる。そこで、当時のイギリス（スペインやポルトガルに比べ海外進出が遅れていた側）が行う戦法であった。

後に、イギリスが世界の海を支配するようになると、今度はイギリスの敵側が私掠船戦術を使うようになった。ナポレオン時代などは、フランスが私掠船を仕立てて、イギリス船を襲うのが主流になった。

関連項目

●海賊（バッカニア）→No.093　●『宝島』→No.094

No.093

海賊（バッカニア）

Buccaneer

我々が想像する海賊は、このバッカニアたちだ。ディズニーランドのカリブの海賊も、これが元ネタになっている。

●自由な海賊

海賊といえば、海賊旗（ジョリー・ロジャー）を掲げたカリブ海の海賊を思い浮かべるだろう。彼らは、17～18世紀ごろ、大いにその力を伸ばした。

この時代、カリブ海周辺は、ほとんどがスペイン領だった。そこに、イギリス・オランダ・フランスなどから食い詰めた連中が流れ込み、そこで海賊稼業を始めたのがバッカニアである。

この名前は、西インド諸島の住民が作る日干し肉（バッカニング）を航海食にしていたからついた名前だといわれる。

彼らは、「老人と子供の捕虜には乱暴しない」といった掟を持ち、仲間内では一種の民主主義体制を取っていた。そして、根拠地においては、気前よく金を使った。

このため、彼らの人気は高く、海賊船長などは、一種のヒーローのように考えられた。また、彼らと戦って殺されるくらいなら、いっそのこと仲間になってしまえと、襲われた船の船員が寝返ることすら稀ではなかった。

その代表としては17世紀のサー・ヘンリー・モーガンがいるだろう。

彼は、戦がうまく、少人数で何度もスペイン軍を打ち負かし、膨大な財産を略奪した。そして、海賊を引退後には、サーの称号を得て、ジャマイカ（イギリス領だった）の代理総督にまで昇進する。

18世紀を代表する海賊といえば、エドワード・ティーチだ。この名前を知らない人は多くても、あだ名の「黒ひげ」を知らないものはないだろう。

その名の通り、密生した黒髭が顔中を覆った獰猛な顔つきで、顔の通りに残忍な海賊だった。部下たちと酒を飲んでいるとき、突然銃を乱射し、1人の膝を撃ち抜いた。その理由が、「時々は、おめえらの誰かを撃ち殺さなくっちゃ、俺様が誰か忘れちまう奴が出てくるからな」というのだから、彼の部下になるだけで命がけだ。

一般に想像される自由な海賊

バッカニア

↓

プライヴェティアと違って許可なしに海賊家業をしている
イギリス・オランダ・フランスなどからの流れ者たち

↓

一定の規律（掟）を持っている

仲間内では民主主義体制

根拠地では気前がいい

↓ 人気が高い

海賊船長はヒーロー

海賊旗

黒地に白く、骸骨の下に2本の骨がクロスした、いわゆる海賊旗だが、これが登場したのは実はそれほど古くない。海賊の時代が終わる18世紀になって、初めてこの旗が登場する。このため、フランシス・ドレークも、ヘンリー・モーガンも、この旗を掲げたことはない。かろうじて、黒ひげだけは、海賊旗を掲げたかもしれない。

シーシェパードの海賊旗

ちなみに、環境テロリストとして悪名高いシーシェパードも、海賊旗を掲げている。

関連項目

●海賊（プライヴェティア）→No.092

No.094

『宝島』

Tresure Island

海賊の秘宝を探す。これは、現代でも残る海のロマンである『宝島』は、その最初期のものであり、また代表作だ。

●海賊の宝

ロバート・ルイス・スティーヴンスンによって書かれ、1883年に出版された子供向け海洋冒険小説。数々の映画やアニメの原作になった、超有名作品だが、原作を実際に呼んだ人はあまり多くはない。

死んだ老**海賊**が残した大海賊フリントの宝島の地図。その地図を見た少年ジム・ホーキンズと、医者のリヴシー先生、郷士《ごうし》のトレローニ隊長は、宝を求めて船を仕立てる。だが、そこに乗り込んでいたのが、一本足の料理人ジョン・シルヴァーだった。

シルヴァーは元海賊で、フリントの部下だった。彼は、船員を扇動して、船長や一行に反乱を起こさせる。たまたまそれを盗み聞きしたジムのおかげで、一行は船を脱出し、フリントの古い砦に立て籠もった。

だが、ジム少年は、立て籠もっているのに飽きてしまい、こっそり砦を出る。そして、船に忍び込んで、船を奪い返してしまう。

ところが、砦に戻ってくると、なんと砦は海賊たちの場所になっており、少年は捕まってしまう。だが、ジム少年の勇気と抜け目のなさに感服したシルヴァーは、なんと海賊たちを裏切って少年の味方になると言うのだ。

実際には、シルヴァーは、宝探しに失敗したときの保険として、一行の側にも二股をかけただけなのだろう。だが、このことで、結局ジム一行が勝利したとき、シルヴァーは勝利する側となった。

実は、宝島には、ベン・ガンというフリントの部下が島流しになっており、彼がとっくに宝を見つけて、別の場所に隠してしまっていた。そして、ベン・ガンと組んだ一行は、宝を得て、島を脱出することができた。

結局、30人ほどで出港して、生きて帰ったのは7人だけという厳しい航海であったが、宝を見つけて帰ることができた一行は幸せである。シルヴァーは、途中の寄港地で、いくらかの金を取って姿をくらました。

海のロマン ── 秘宝探し

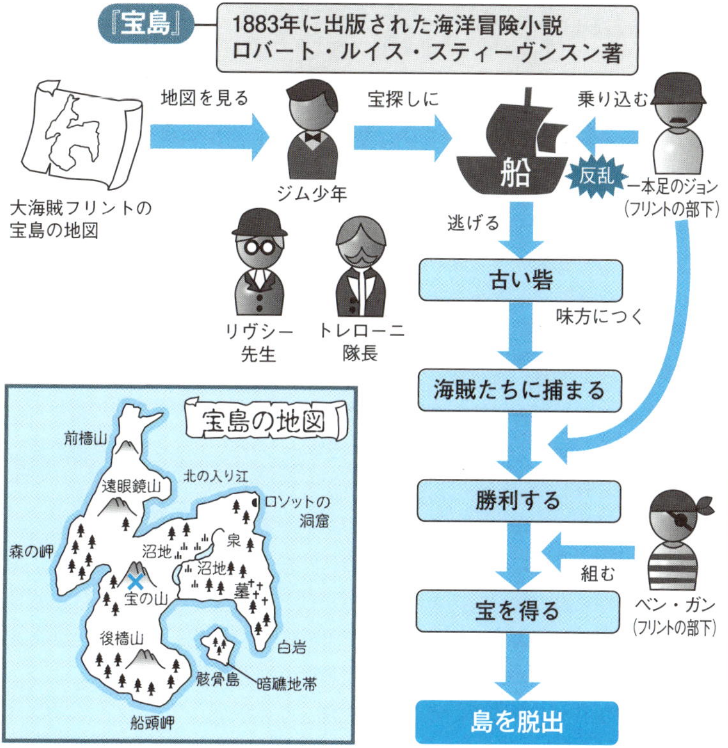

❖映像化された宝島

『宝島』は、作家のイマジネーションを刺激するのか、何度もヴィジュアル化されている。映画も、ディズニーアニメーションの『宝島』や、擬人化された動物の登場する東映動画の『どうぶつ宝島』など、何度も撮られている。

日本では、出崎統と杉野昭夫のコンビによるテレビアニメが非常に評判が良く、海外にも輸出されている。また、手塚治虫の『新宝島』も、ストーリーそのものは異なるが、明らかに『宝島』へのオマージュ的作品である。

関連項目
●海賊（プライヴェティア）→No.092
●海賊（バッカニア）→No.093

No.095

モーセの海割り

Mose

聖書には、数々の奇跡があるが、その中でも、水にちなんだ奇跡を多く起こしたのが、モーセであろう。

●『旧約聖書』最大の預言者

モーセ（モーゼという名前の方が有名だが）は『旧約聖書』に登場する最も重要な預言者で、キリスト教やイスラム教などにおいても、非常に重要な預言者とされる。言い伝えでは、モーセ五書の著者であるとされるが、モーセ五書はモーセ自身の死を描いているので、モーセの著であるはずがない。

モーセは、エジプトに住むヘブライ人の子だが、エジプト王女に拾われて育った。成人したモーセは、ヘブライ人をエジプト人が打っているのを見て、その男を殴り殺した。そして、エジプトから逃げ出した。

だが、神はモーセにヘブライ人をエジプトから脱出させることを命じた。

頑迷なエジプト王に思い知らせるために、神は何度も呪いを起こす。

その最初が、血の災いである。モーセが杖でナイル川の水を打つと、水は血に変わる。魚は死んで、悪臭がする。そして、エジプト人は川の水が飲めなくなった。ところが、エジプト人の魔術師も同じことをしたので、エジプト王は神を信じず、神の呪いは効果がなかった。だが、その後もブヨやアブやイナゴが大量発生したり、疫病が起こったり、雹が降ったりと度重なる神の呪いに辟易して、王はついにヘブライ人の出国を認めた。

神は通常の道を通らせずに、わざとモーセ一行を海辺に宿営させた。そして、エジプト王をして、ヘブライ人を追わせることにした。王は、神の目論見通り、戦車を仕立ててヘブライ人を追った。エジプト軍が背後に迫ったとき、神はモーセに杖を高く上げ、手を海に差し伸べよと命じた。すると、神は激しい東風で海を押し返し、海水は分かれ海は乾いた土地となった。イスラエルの人が海を渡る間、水は左右に壁のようになった。

続いて、エジプト軍が海を渡ろうとした。神はその軍勢を乱し、戦車の車輪を外して、その進みを止めた。そして、モーセに再び海に手を差し伸べるよう命じた。海はエジプト軍の上に落ち、1人の兵士も助からなかった。

最も多く水の奇跡を起こした予言者

モーセ（モーゼ） ―『旧約聖書』に登場する最も重要な預言者

神の命令 ↓

ヘブライ人をエジプトから脱出させることを命じられる

↓

モーセが杖を高く上げ、手を海に差し伸べる

↓

海水は分かれ海は乾いた土地に

↓

イスラエルの人が海を渡る

出エジプトルート色々

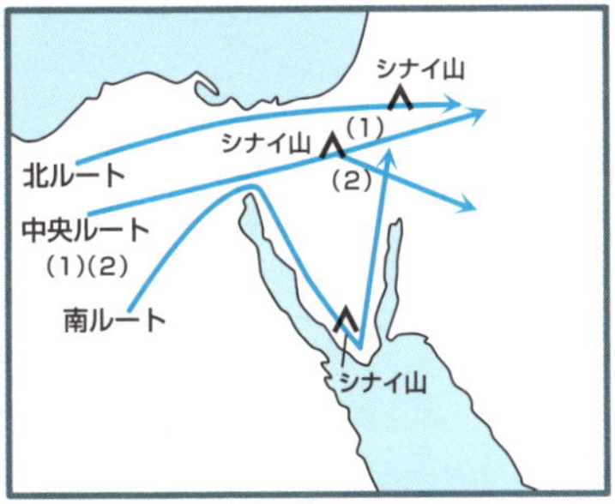

四つのルートが考えられているが、どれが正しいのか、分かっていない。どのルートなのかによって、シナイ山の位置が違ってくる。

シナイ山は、神がモーセに十戒（人が守るべき十の戒律）の石版を下された山。

モーセの最期

その後、モーセは40年間荒れ地をさまようユダヤ人を率いて、ついにカナンの地（神がユダヤ人に与えた土地といわれる、ユダヤ人にとっての約束の地）へとやってきた。

しかし、これほど重要な預言者であったモーセだが、神を信じきれずメリバの岩を2度打った（水不足で困ったとき、神が1度で水が出ると告げたのに、2度目を打った）ために、カナンには入れない運命とされた。しかし、カナンの地を目にすることはできるという預言もあったので、モーセはカナンの地を見下ろすピスガの山頂からカナンの地を見たものの、そこに入ることはできず、モアブの地で死んだ。

No.096

海幸山幸《うみさちやまさち》

Umisachi & Yamasachi

釣針は、古代には非常に貴重な品物で、それをなくすことは大変なことだった。

●釣針を無くすことで始まる神話

海幸山幸の神話は、有名だ。兄の釣針を借りて漁に出た山幸は、その釣針をなくしてしまう。海幸は、弟を許さない。剣を鋳つぶして千本の針を返すと言ってもだ。

山幸が海辺で途方に暮れていると、海神塩土神《しおつちのかみ》が通りがかり、船を貸してくれ海の彼方の国へと行く。そこは海神宮だった。そこで、山幸は豊玉姫《とよたまひめ》と出会う。そして、海神の配下の鯛の喉に引っかかっていた針も取り返し、地上へと戻る。そして、弟に難癖を付けた兄を、海神からもらった呪宝で懲らしめ、手下とする。

ところが、豊玉姫は妊娠しており、山幸を追って地上へと来た。そして、海岸に産小屋《うぶごや》を建てて決して姿を見ないようにと言って籠もる。だが山幸は、その姿を見てしまう。ワニの姿になって出産しようとしていた豊玉姫は、それを恥じて、生まれた子を残し海へと帰ってしまう。

こうして生まれた子供が、最初の天皇神武《じんむ》天皇だという。

弟が釣針をなくし、それを責めた兄に復讐するという「釣針喪失神話」は、東南アジアから南太平洋まで、広く分布している。

インドネシアでは、天にすむ兄弟の物語だ。釣針を返した弟は、わざと酒を入れた竹筒を吊しておき、それをひっくり返した兄に、こぼれた酒を返せと迫る。兄が酒を集めて土をほじくっていると天の底に穴が開き、兄はそこから地上に降りて人間の祖先になったという。

パラオでは、兄弟のモチーフはない。神の子供が、父神がこっそり使っていた釣針を見つけて、泣いて釣針をもらう。ところがその釣針をなくし、母神に相談すると、海面を穏やかにしてから水に潜って探せという。そうすると、水中に村があり、そこで針を見つけることができた。そして、見つけた釣針で、海中から島を釣り上げるという物語になる。

釣針がもたらす神話

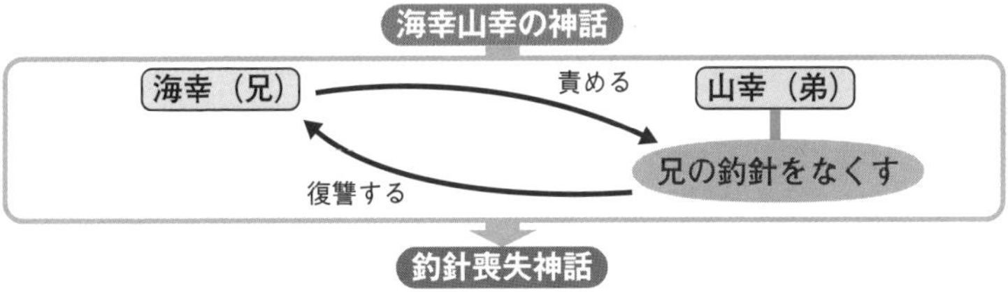

釣針喪失神話の分布

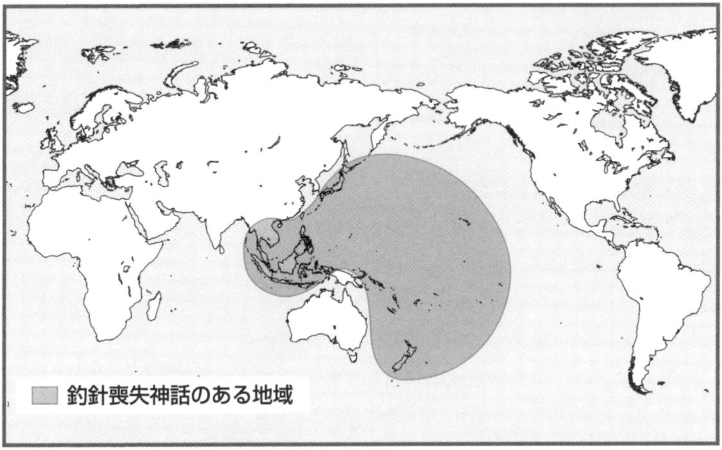

このタイプの神話は、日本だけでなく、東南アジアからポリネシア全域にわたる、太平洋を覆う広い地域に分布している。
兄弟のモチーフがなく、釣針がなくなったことだけを描いた神話もある。

潮満珠《しおみつたま》と潮干珠《しおひるたま》

海神からもらった呪宝というのが、潮満珠と潮干珠である。これは、水をなくしたり、現したりする呪宝だ。

山幸は、潮干珠を使って海幸の田んぼに水をなくし、どんどん貧しくさせた。

また、貧しくなって、山幸を攻めようとする海幸を、潮満珠を使って溺れさせて降参させた。

No.097

水遁《すいとん》の術

Suitonnojutsu

忍術に五遁あり。木遁、土遁、水遁、金遁、火遁なり。水遁は、水を利用せし、遁法なり。

●必ずしも水に入らない術

忍者が敵から逃れ、身を隠す術の一つに、水遁の術がある。その名の通り、水を利用して姿を隠す。

水、特に城の堀などに使われている水は、あまりきれいではなく、水中を見通すことは難しい。このため、水中に潜めば、敵に見つからずにすむ。

とはいえ、アクアラングなどのない時代、どうやって呼吸するのか。よく、竹の節に穴を開けてパイプに使い水中から呼吸するというのが、マンガなどに登場するが、あれは実際に利用するのは難しい。なぜなら、パイプが細く、呼吸が苦しいのだ。また、考えてみれば水中から竹が飛び出ていれば、それだけで非常に怪しい。かといって、葦《あし》などでは細すぎて、呼吸できない（束にして使う手もあったらしいが）。さらに、水上を見張ることができないので、いつ隠れ場所から脱出するかを察知することもできない。

実際の忍者は、顔だけを水面に出して呼吸していたとされる。ただ、素顔のままではばれるので、顔に葉っぱや藻などを貼り付けて、ごまかすのだ。これなら、呼吸も楽だし、水上を目で見ることができるので、脱出のタイミングを計るのも容易だ。

ただし、城側もそういうことは知っていて、頻繁に堀の掃除をして、葉や藻が水面に浮かばないようにしている。

だが、最も有用な水遁は、水中に跳び込んだふりをすることだ。あらかじめ脱出路で敵の目から一瞬でも隠れられる場所に石などを用意しておく。そして、追われたときには敵の目に触れないように、石を水中に投げ込むのだ。

すると、敵は、忍者が水に跳び込んだと思い、追いかけてくれる。そうしておいて、忍者は、反対側からゆうゆうと逃げ出すわけだ。

考えてみれば、水中に跳び込めば、出てきたときはびしょ濡れで、どう見ても不審者だ。それより、跳び込んだふりだけの方が遙かに有効なのだ。

実際の忍者はどうしていたか？

水遁の術 ― 忍者が身を隠す術の一つ

どうやって呼吸するのか？

顔には葉や藻などを張り付ける
身体は水面下で、暗い色の衣なのでよく見えない

水中に跳び込んだ振り

水に飛び込んだぞ!!
追っ手
石
大きな音
物陰に隠れる

忍者避けの法

このように水遁の術を使われると困るので、実際に使用されている砦などでは、堀の掃除を頻繁に行った。そうしておけば、葉っぱが浮いていたり、葦の茎が突き出したりしていたら怪しいと分かるからだ。

そして、掃除をして水が澄んでいれば、水中に潜む忍者の姿も捉えられるというものだ。

No.098

御《お》神《み》渡《わた》り

Omiwatari

神が諏訪湖を横断して、妻の下に通うという伝説は、ロマンチックなものだ。

●自然の驚異

長野県諏訪《すわ》市の諏訪湖で、冬に発生する不思議な現象。

諏訪湖は、冬になると氷が張る。寒い年には、人間が乗っても割れないほど厚い氷になる。この氷が、線状に割れ、盛り上がってしまう現象を、御神渡りという。

伝説では、諏訪大社上社に鎮座する建《たけ》御《み》名《な》方命《かたのみこと》が、下社の八《や》坂《さか》刀《と》売命《めのみこと》のところにお出ましになる足跡が、御神渡りなのだという。このため、御神渡りが湖岸に接するところで、南の諏訪市側の建御名方命が諏訪湖に降り立つ側を下座《くだりまし》といい、北の下諏訪町側の八坂刀売命がいる方（建御名方命が湖から湖岸に上がる場所）を上座《あがりまし》という。

別の説では、御《み》左口《しゃぐじ》という白蛇の神が諏訪湖を渡った跡だというのもある。

いずれにせよ、御神渡りが発生すると、八《や》劔《つるぎ》神社《じんじゃ》の宮司によって、今年の農作物の出来を占う神事が行われる。これを拝観式といい、湖面の亀裂が御神渡りなのか、そうでないのかは、ここで判断される。

では、御神渡りはどうやってできるのかというと、昼夜の寒暖の差によって発生する。

夜になると、気温が下がり、氷も収縮する。このため、湖面の氷も縮み、ひび割れができる。すると、そのひび割れの部分にも水が入り込み、寒さのために凍結する。

ところが、昼になると、気温が上がり、氷も膨張する。すると、ひび割れの間にできた氷（まだ薄い）が両側から押されて砕け、盛り上がってしまう。

これが御神渡りだという。

湖面の氷の上に人間が出て良いのは、神が通った後でなければならないと、古来から定められている。これは、御神渡りが発生できるほど氷が分厚くなってから人間が湖面に出るようにという古代人の知恵である。

ロマンチックな伝説を生んだ氷の驚異

御神渡り — 諏訪湖に張る氷が線状に割れ、盛り上がってしまう現象
建《たけ》御《み》名《な》方《かた》命《のみこと》が八《や》坂《さか》刀《と》売《め》命《のみこと》に会いに行く足跡とされる

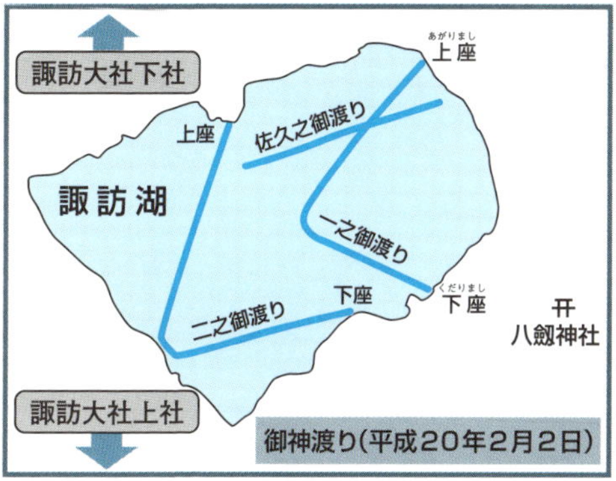

御神渡り(平成20年2月2日)

御神渡りが発生
↓
拝観式
↓
湖面の亀裂が御神渡りか否か判断
↓
農作物の出来を占う神事が行われる

御神渡りはどうやってできるのか

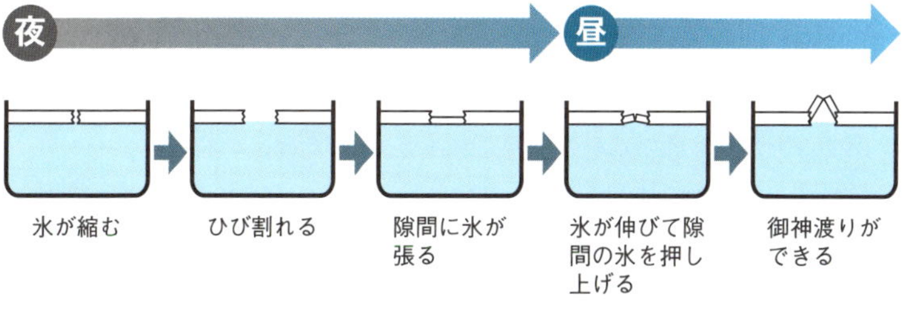

◆世界最古の長期気象記録

実は、諏訪湖の御神渡りは、14世紀ごろから毎年御神渡りの発生した時期と、その年の作柄とが（御神渡りで作柄を占ったため、その結果も記録されている）、現在まで記録されている。これを神渡帳という。

これは、長期に渡っての気象記録として世界最古のものとされる。

No.099

オデュッセウス

Odysseus

海の冒険といえば、オデュッセウスの航海だ。あまりにも数多くの冒険をしたため、本書にもその足跡が数多く記されている。

●ポセイドンに疎まれた男

ギリシャ神話で最も有名な人間の英雄。

トロイ戦争（ギリシャとトロイの戦争）に勝利したものの、神々の干渉によって、トロイからの帰国に20年もの年月を必要とした（トロイのあったトルコ沿岸からギリシャまで、200kmも離れていないのに！）。その間、彼は地中海を、あちらこちらと放浪の航海を続けることになる。彼の航海と冒険は、ホメロスの『オデュッセイア』によって伝えられている。

なぜこんなことになったかというと、帰国の航海の最初に、サイクロプス一族のポリュペーモスの目を潰したからだ。ポリュペーモスは**ポセイドン**の息子だったので、神はオデュッセウスの航海を邪魔してやることにした。

そして、いつまで経っても帰らないイタケでは、彼の妻ペネロペに、多数の求婚者が現れた。

その間、オデュッセウスは、魔女キルケによって、乗組員を豚にされてしまった。幸い、オデュッセウスはヘルメスの助けで助かり、乗組員を救うことができたが、彼はキルケの魅力に参って、1年間同衾する。

さらに、その次には、ヘラクレスの柱（ジブラルタル）を越えて、冥界へと行くことになる。

また、**セイレーン**のいる海を通ることもあった。この時は、船員たちの耳を蜜蝋《みつろう》でふさぐことで無事に通過した。ただし自分は、セイレーンの歌声を聞くために、身体を柱に縛り付けさせて、その歌を聴いた。歌を聴いたオデュッセウスは狂ったようにセイレーンに惹かれたが、縛られたままで何もできないまま、海域を通過することができた。

他にも、数々の難儀の末、ようやく帰り着いた。妻は、彼の残した弓を引けた者と結婚すると告げたが、誰一人弓を引くことはできない。ただ、変装して現れたオデュッセウスだけが弓を引き、求婚者たちを弓で射殺した。

数多くの冒険をした英雄

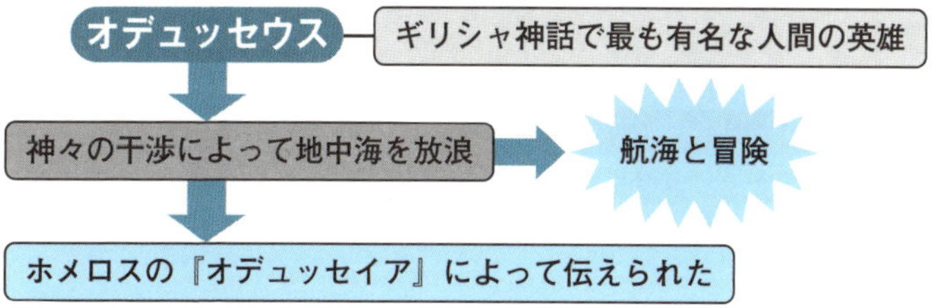
オデュッセウス
ギリシャ神話で最も有名な人間の英雄
神々の干渉によって地中海を放浪
航海と冒険
ホメロスの『オデュッセイア』によって伝えられた

ギリシャ
トロイ
オデュッセウスの航路

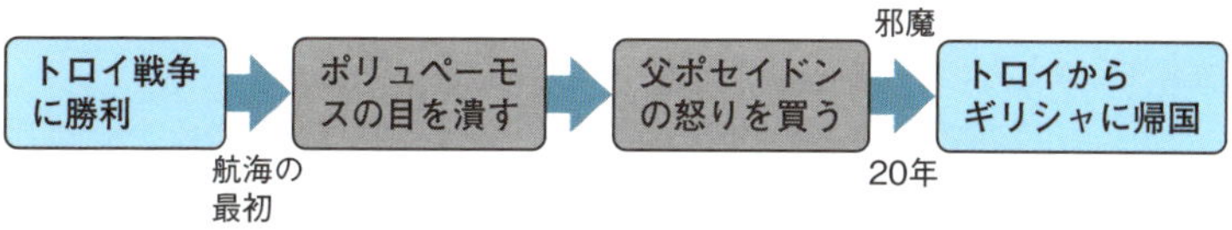
トロイ戦争に勝利
航海の最初
ポリュペーモスの目を潰す
父ポセイドンの怒りを買う
邪魔
20年
トロイからギリシャに帰国

オデッセイ

ちなみに、英語で長い冒険旅行のことを"odyssey"というのは、オデュッセウスの放浪が語源である。『2001年宇宙の旅』の原題も、"2001:A Space Odyssey"といって、木星への長い航海とともに、人類が歩んできた進歩という長い旅路を表しているのだと思われる。

関連項目
●セイレーン→No.028
●ポセイドン→No.044

No.100

ホレイショ・ホーンブロワー

Horatio Hornblower

海洋冒険小説は、イギリスの国民文学である。イギリス人ならば、その第1位として、誇りを持ってホーンブロワーを挙げるだろう。

●大英帝国の誇りの文学

七つの海を支配する大英帝国の末裔として、またイギリスの誇りを担うものとして、彼らは、海洋冒険小説をイギリスの国民文学であると称する。

その筆頭ともいうべき作品が、セシル・スコット・フォレスターの「ホーンブロワー」シリーズだ。日本人で鉄腕アトムを知らない人がいないのと同様に、イギリス人でホーンブロワーのことを知らない人はいない。シャーロック・ホームズとどちらが有名か争うほどだ。

主人公ホレイショ・ホーンブロワーは、英国海軍軍人である。彼がフランス革命真っ盛りの頃に17才で初めて船に乗り込んでから、海軍提督となるまでを描いた12冊の小説である。フランス革命からナポレオンの時代を経て、イギリスが世界の海を支配する時代を、ホーンブロワーは駆け抜ける。

主人公ホーンブロワーは、決して超人ではない。船乗りなのに船酔いするし、高所恐怖症なのでマストに登るのも一苦労だ。しかも、音痴でイギリス国家すらまともに歌うことができない。

しかし、冷静で数学の才に恵まれ（船乗りにとっては必須の技能）、捕虜生活で外国語を学ぶなど、自らの鍛錬を怠りない彼は、様々な苦難に打ち勝ち、昇進の道を歩んでいく。

ホーンブロワーは、常に順調だったわけではない。時には、捕虜となって、銃殺されそうになることもある。彼の指揮が下手だったわけではない。どう考えても勝ち目のない戦力比で、それでも戦わねばならなくなり、できうる限りの奮戦をした上での降伏である。しかも、捕虜の身分から脱出を試み、重傷の部下を伴っての逃亡に成功している。

イギリスでは、新しい海洋冒険小説シリーズが登場し評判になると「ホーンブロワーを継ぐ」という表現で紹介される。それほど「ホーンブロワー」シリーズは、イギリス国民にとって海洋冒険小説の基準となっているのだ。

英国の誇りを担う海洋冒険小説

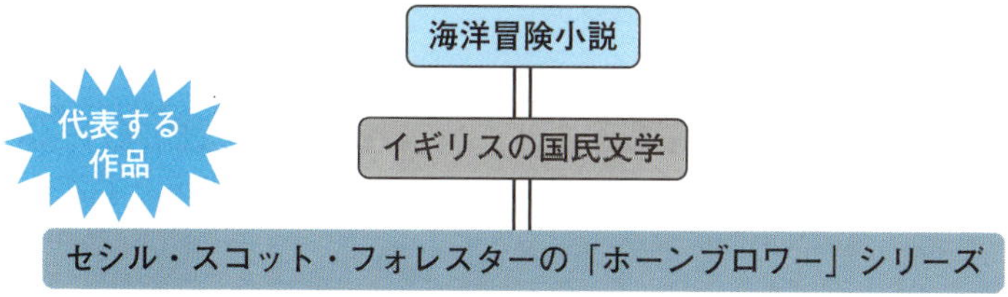

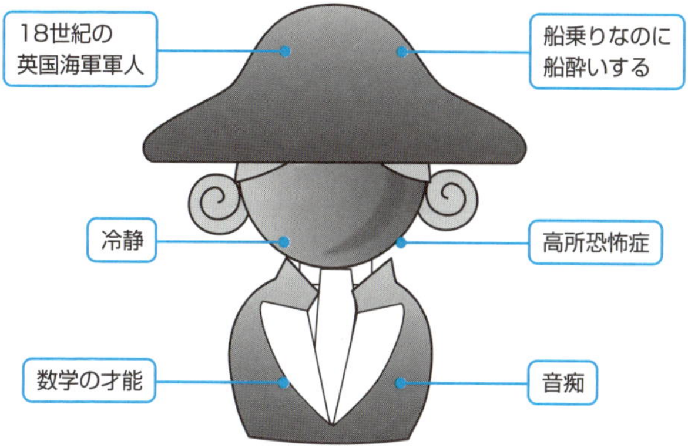

主人公ホーンブロワー

様々な苦難に打ち勝ち、昇進の道を歩んでいく

主人公ホーンブロワーの生きた時代

ホーンブロワーの年譜	
1776年7月4日	誕生
1794年	海軍士官候補生として着任
1797年	海尉に昇進。捕虜の身分のままの昇進であった
1803年	マリア・エレンと結婚
1805年	勅任艦長に昇進
1811年	サーの称号を得る（バス勲爵士）
1813年	艦長のまま戦隊司令官を務める
1820年	提督に昇進
1848年	元帥に昇進

同時期のヨーロッパ	
1776年	アメリカ独立宣言
1789年	フランス革命
1793年	第一次対仏大同盟
1804年	ナポレオンが皇帝に
1805年	トラファルガー海戦（ネルソン提督死亡）
1815年	フランス王政復古

No.101

『人魚姫』

Den Lille Havfrue

アンデルセンの『人魚姫』は、人間の王子に恋し、その恋に破れても愛を貫く、純愛の物語だ。

●恋に破れた人魚の姫君

デンマークの誇る童話作家アンデルセンの創作童話。童話ではあるが、一途な思いを描いた恋愛小説として見ても、高い完成度を示している。

人魚《にんぎょ》の王女の末娘は、15才の誕生日になって初めて海の上に出ることが許された。そこで、彼女は船の上にいる美形の王子を目にする。そして、その姿を一目見て、恋に落ちるのだ。その夜、嵐が来て船は難破してしまう。王子も海中に投げ出された。人魚姫は、王子を救い海岸へと連れて行ってやった。だが、その間、王子はずっと気を失ったままだった。海岸で、若い娘が王子を発見し、人を呼んで救ってやった。

姫は、王子に恋い焦がれ、地上に出たくて、魔女のところを訪ねた。

姫は人間になれたが、人間の脚では1歩歩くごとにナイフで刺されるような痛みがある。また、王子の愛を得られなければ、姫は海の泡となって消えてしまうのだ。さらに、魔女は、薬の代金として、姫の美しい声を要求した。

姫は、人間になって王子の城に行った。その美しい姿と、空気を踏んでいるような優美な舞は、人々の心を蕩《とろ》かせた。

だが、王子は、海岸で自分を救ってくれた娘を忘れられなかった。娘は人魚姫にとてもよく似ていた。だが、その娘は寺院に使える聖なる乙女であって、俗世に出てくることはない。人魚姫はほっとする。

王子に、隣国の王女との縁談が持ち上がる。だが、王子は娘が忘れられず、隣国の王女と結婚するくらいなら、おまえを妻にと、人魚姫に言う。だが、王子は、隣国の王女こそがかの娘であることを知る。人魚姫の恋は破れた。

その夜、姉姫たちが姫の元に現れた。彼女たちは髪を魔女に売って、短剣を手に入れた。その短剣で王子を殺せば、姫は人魚に戻れるのだ。しかし、姫は王子を殺せず、海の泡となるはずだった。だが、その時、姫は空気の精となって、新たな生を得た。

有名な純愛物語

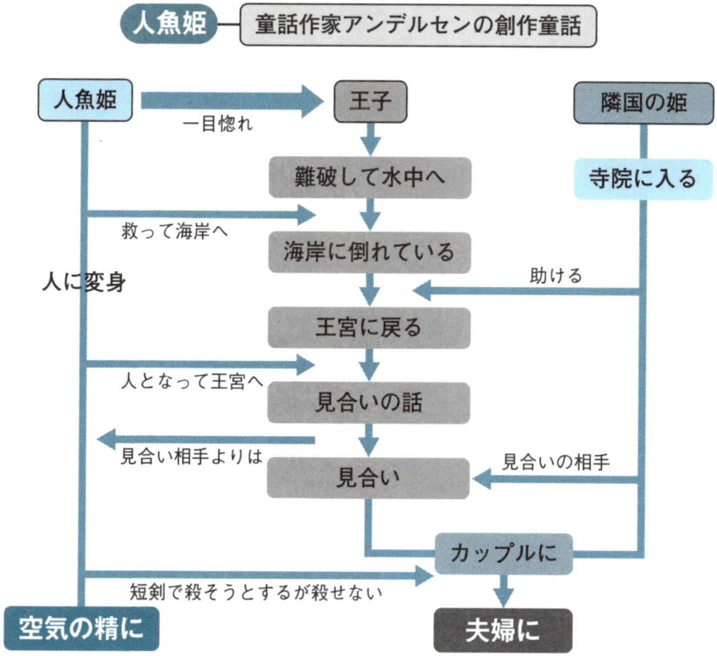

❖人魚姫の像

デンマーク、コペンハーゲンの港には、有名な人魚姫の像があり、国際的観光名所となっている。

これは1909年に、カールスバーグ醸造所のカール・ヤコブソンによって作られた。彼は、コペンハーゲン王立劇場で上演されたバレエに感銘を受け、プリマドンナのエレン・プライスをモデルにして、この像を造らせた。

しかし、その人魚姫、高さが1.25mほどしかなく、とても小さい上に、何もない海岸（公園の一部ではあるが、近くには工場や港湾施設などがあり、あまり情緒のある場所ではない）にぽつんと置かれているだけだ。世界で最もがっかりする観光地の一つとして知られている。

関連項目
●人魚→No.019

No.102

『海底二万里』

Vingt Mille Lieues sous les Mers

ジュール・ヴェルヌはSFの父と呼ばれるが、その中で最も有名な作品が、『海底二万里』だ。

●19世紀にこんな潜水艦を想像していた

ジュール・ヴェルヌの、世界最初の潜水艦小説だ。

フランス人の学者アロナックス教授は、最近海を騒がせている巨大海棲生物を退治に向かう軍艦に同乗する。しかし、その反撃により、軍艦は航行不能になり、教授は海に落ちてしまう。

そして、もうだめかと思われた教授と、同じく海に落ちた漁師、教授を追って海に飛び込んだ忠実な従者の3人を救ったのは、その巨大生物と思われていた潜水艦ノーチラス号のネモ船長だったのだ（ネモとはラテン語で「誰でもない」という意味で、名前を隠しているわけだ）。

そして、彼らは、ネモ船長とともに、驚異の海底の旅を行うことになる。

主人公が海洋生物学者なので、海底旅行は主人公にとっては夢の旅だ。出会う魚、出会う貝、出会う海草、全ての名前を挙げては感動しまくっている。そして、その体長や色や、その他の特徴を一生懸命説明してくれるのだ。

正直、現代の読者には、海棲生物の名前と特徴をずらずら書かれても、冗長に感じられるかもしれない。しかし、当時の人々にとって、そのようなものを見るということだけで、「ものすごい」こととして感じられたのだ。

ちなみに、現代でも海洋学者で本書を好きな人が多いのは、そのためかもしれない。彼らにとっては、魚の名前が出てくるだけでその姿や環境が想像でき、知らない種類が出ていたらますますわくわくするのだろう。

彼らは、沈没船の財宝を見、さらに大西洋の海底でアトランティスの遺跡を見る。サルガッソー海を抜け、1万6000mの深海にまで潜る。ついには、南極点にまで（当時は南極が、大陸なのか、浮氷なのか分かっていなかった。この本は、南極は浮氷だという説で書かれている）到達する。

彼らは、機会を待って、ついに潜水艦から脱出するのだが、その時潜水艦は、大渦巻に巻き込まれて、行方知れずとなった。

「SFの父」の傑作

『海底二万里』―ジュール・ヴェルヌの世界最初の潜水艦小説

潜水艦ノーチラス号が登場

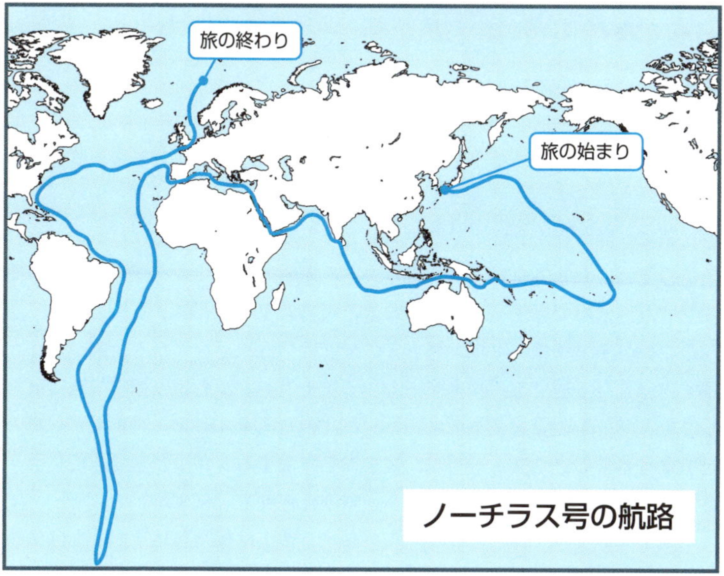

ノーチラス号

この潜水艦の名前は、ヴェルヌのオリジナルではない。
1801年にアメリカの技師が、同名の潜水艦を試作しているので、そこから取った名前だと思われる。
ちなみに、アメリカの最初の原子力潜水艦の名前もノーチラス号だが、どちらから取った名前なのかは定かではない。

2万リュー

この本題名を直訳すれば「海の下で2万リュー」だ。「リュー」とはフランスの距離の単位で1リュー≒4kmである。つまり、主人公たちは、8万kmもの旅をしたことになる。

このリューが、日本の「里」に近い距離だったので、二万里という邦題になった。

だから、「海底2万マイル」という邦題は、1マイル≒1.6kmなので厳密な話をすれば誤訳ということになる。

No.103

『両棲人間』

The Amphibian Man

海中で暮らす純真で孤独な青年が、陸の娘に恋をして全てを失う。そして、陸に住む人々も、何かを失う。

●トリトンの末裔、トリトンの先祖

ロシアのSF作家、アレクサンドル・ロマノビッチ・ベリャーエフの長編SF（1928年初出）。フランケンシュタイン博士の怪物と、**人魚《にんぎょ》姫**の要素を併せ持つ作品である。

物語は作品が書かれた当時のアルゼンチン沿岸が舞台となっている。

この怪物であり人魚姫でもあるのが、天才的外科医サルバトール博士が作り上げた、水中でも陸上でも息ができる両棲人間イフチアンドルだ。

そこに、イフチアンドルを捕らえて金儲けをたくらむズリタ、彼が死んだはずの息子だと信じるバルタザール、イフチアンドルと相思相愛の恋に落ちるバルタザールの養女グッチエーレ、彼女の友人オルセン、バルタザールの兄で金目当てのクリストーバル、彼を神を冒涜《ぼうとく》する存在だとして抹殺しようとする教会のガルシラーソがからみ、事態は何度も急転する。

イフチアンドルを作り上げたサルバトール博士は秘密基地を作り上げ生物を改造しと、非常にマッドサイエンティスト的ではあるが、先進的な海洋開発の視点から、当時の海洋学を語り、迷信を否定する。

最終的に空気呼吸の能力を失ったイフチアンドルは、サルバトール博士とオルセンの手によって海へ逃亡、たった1人で太平洋を目指して消え、ただ一人息子を失ったと信じるバルタザールだけが、舞台に取り残されて終わる。

作者ベリャーエフは、ジュール・ヴェルヌの作品を多数ロシアに翻訳紹介した人物でもあり、そのためロシアのヴェルヌとも呼ばれ、『両棲人間』にもその影響を見ることができる。イフチアンドルの原型が、ギリシャ神話の半人半魚の神トリトンであることは、サルバトール博士の研究所に、イルカに乗ったトリトンの噴水があることから、明白といえよう。

講談社版の『両棲人間1号』の表紙絵と手塚治虫の『海のトリトン』の類似は、トリトンファンの間で指摘されている。

いろんなメディアに影響を与えたSF

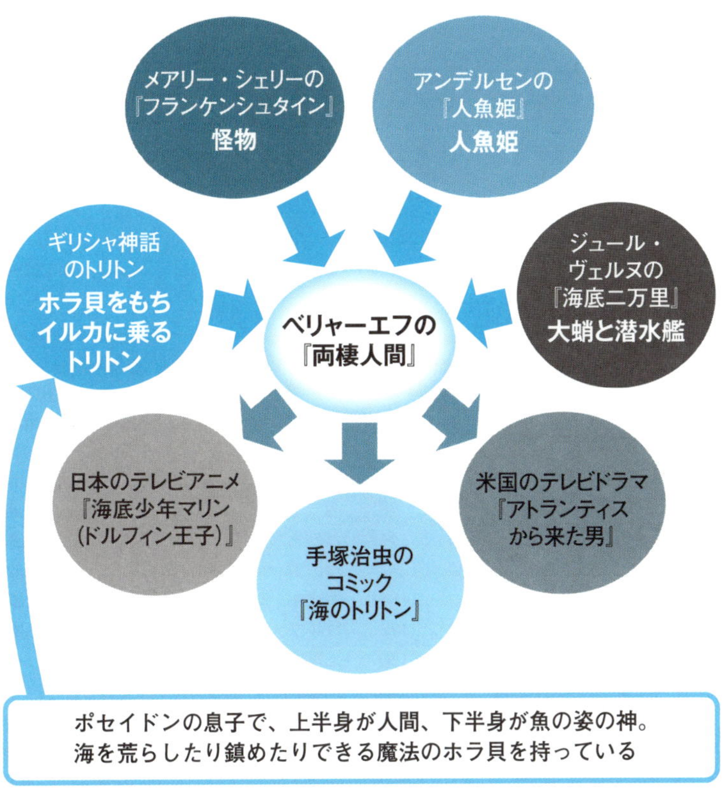

❖ロシアでは人気古典

日本では、今でこそ知名度が低いが、講談社から3度、偕成社、あかね書房から翻訳出版されている。一方海外、特に本国のロシアでは古典として認知され、いまだ人気も高く、新装版が発行され続け、2004年にはテレビドラマ化され、2007年にはゲーム化のニュースもある。また2008年には米国で映画化が発表された。

関連項目

●『人魚姫』→No.101

索引

あ

か

海賊（かいぞく）……194、196
海賊旗（かいぞくき）……196
『海底二万里』（かいていにまんり）……214
河童（かっぱ）……72、74
河伯（かはく）……134
カリュプソ……94
カリュブディス……60
河太郎（かわたろう）……72
甘露（かんろ）……171
キャプテン・キッド……194
ギュミル……106
橋渡（きょうと）……182
ギルマン……50
九頭竜（くずりゅう）……80
クトゥルフ……120
功徳水（くどくすい）……176
国之水分神（くにのみくまり）……128
クヌム……116
宮比羅大将（くびらたいしょう）……146
クラーケン……68
グラウコス……58
闇淤加美神（くらおかみのかみ）……138
グラゲーズ・アンヌーン……28
クラタイイス……58
闇御津羽神（くらみつはのかみ）……138
クリュメネ……94
グレンデル……32
黒ひげ……196
クンピーラ……146
ケルピー……52
玄武（げんぶ）……132
敖欽（ごうきん）……130
敖広（ごうこう）……130
敖潤（ごうじゅん）……130
敖順（ごうじゅん）……130
強深瀬（ごうしんせ）……182
江深瀬（ごうしんせ）……182
洪水英雄（こうずいえいゆう）……162
洪水伝説（こうずいでんせつ）……160、162
金刀比羅宮（ことひらぐう）……146
金比羅宮（こんぴらぐう）……146
金比羅大権現（こんぴらだいごんげん）146

さ

サー・フランシス・ドレーク……194
サー・ヘンリー・モーガン……196
娑伽羅（さから）……130
さまよえるオランダ人……190
サムヒギン・ア・ドゥル……56
サラスヴァティー……124
サルガッソー海……188
山水瀬（さんすいせ）……182
三途の川（さんずのかわ……182
ジウスドラ……162
塩土神（しおつちのかみ）……202
潮干珠（しおひるたま）……203
潮満珠（しおみつたま）……203
四海竜王（しかいりゅうおう）……130
四大元素説（しだいげんそせつ）……10
四大精霊（しだいせいれい）……12
ジョリー・ロジャー……196
四竜（しりゅう）……130
蜃（しん）……78
真武（しんぶ）……132
真武玄天上帝（しんぶげんてんじょうてい）……132
水虎（すいこ）……76
水棲馬（すいせいば）……52
水天（すいてん）……128
水遁の術（すいとんのじゅつ）……204
スキュラ……58
素戔嗚尊（すさのおのみこと）……144
ステュクス……100
住吉三神（すみよしさんじん）……140
聖水（せいすい）……174
セイレーン……62
セルキー……35
浅水瀬（せんすいせ）……182
葬頭河（そうずか）……182

な

は

ホース・ラティチュード……188
ポセイドン……96
北方真武君蕩魔天尊
（ほっぽうしんぶくんとうまてんそん）……132
ポルキュス……58、98
ポントス……98

ま

マーマン……44
マーメイド……44
マドラ……170
摩那斯（まなす）……130
マナナン・マクリル……110
マヌ……162
湖の騎士（みずうみのきし）……30
湖の貴婦人（みずうみのきふじん）……30
水垢離（みずごり）……172
水の精霊（みずのせいれい）……12
水の主（みずのぬし）……36
禊ぎ（みそぎ）……172
彌都波能賣神（みつはのめのかみ）……138
ムー大陸……166
無支祁（むしき）……136
無支奇（むしき）……136
宗像三女神（むなかたさんじょしん）……142
メイルシュトローム……61
メーナー……20
メーナカー……20
メティス……94
メルポメネ……62
メロー……44

や

八百比丘尼（やおびくに）……48
山幸（やまさち）……202
八岐大蛇（やまたのおろち）……82
ヤム・ナハル……114
幽霊船（ゆうれいせん）……192
養老水（ようろうすい）……180
養老の滝（ようろうのたき）……180

ら

洛嬪（らくひん）……134
ラドン……98
リヴァイアサン……66
リャクサ・チュラバ……152
竜王（りゅうおう）……130
陵魚（りょうぎょ）……46
『両棲人間』（りょうせいにんげん）……216
リル……108
ルサルカ……24
ルルド……178
冷泉院の水の精（れいぜんいんのみずのせい）……42
ローレライ……44
ローン……34

わ

和修吉（わしゅきつ）……130

参考文献

『The Complete Gods and Goddesses of Ancient Egypt』Richard H. Wilkinson 著　Thames & Hudson

『アタルヴァ・ヴェーダ讃歌』辻直四郎 訳　岩波書店

『異端事典』C.S. クリフトン 著　田中雅志 訳　三交社

『インド神話伝説辞典』菅沼晃 著　東京堂出版

『ヴィジュアル版世界の神話百科アメリカ編』D.M. ジョーンズ／B.L. モリノー 著　蔵持不三也 監訳　原書房

『世界古典文学全集 3　ヴェーダ／アヴェスター』辻直四郎 編　筑摩書房

『ウガリトと旧約聖書　聖書の研究シリーズ 34』P．C．クレイギー 著　津村俊夫ほか 訳　教文館

『ウガリト文学と古代世界』C．H．ゴールドン 著　高橋正男 訳　日本基督教団出版局

「海の男／ホーンブロワー・シリーズ」セシル・スコット・フォレスター 著　高橋泰邦／菊池光 訳　早川書房

『エジプトの神々』J. チェルニー 著　吉成薫／吉成美登里 訳　弥呂久

『オカルティズム事典』アンドレ・ナタフ 著　高橋誠ほか 訳　三交社

『海底二万里』上下　ジュール・ヴェルヌ 著　朝比奈美知子 訳　岩波書店

『ギリシア・ローマ神話事典』マイケル・グラント／ジョン・ヘイゼル 著　西田実ほか 訳　大修館書店

『ギリシア・ローマ神話辞典』高津春繁 著　岩波書店

『ギリシア神話』アポロドーロス 著　高津春繁 訳　岩波書店

『ギルガメシュ叙事詩　付イシュタルの冥界下り』矢島文夫 訳　筑摩書房

『形而上学』上下　アリストテレス 著　出隆 訳　岩波書店

『「水の精霊」とイスラム』「国立民族学博物館研究報告」13 巻 4 号 収録　竹沢尚一郎 著　国立民族学博物館

『日本古典文學大系 84　古今著聞集』永積安明／島田勇雄 校注　岩波書店

『古事記』倉野憲司 校注　岩波書店

『西遊記』1 ～ 9　中野美代子 訳　岩波書店

『山海経』高馬三良 訳　平凡社

『新編日本古典文学全集 51　十訓抄』浅見和彦校注・訳　小学館

『神統記』ヘシオドス 著　廣川洋一 訳　岩波書店

『失楽園』ジョン・ミルトン 著　平井正穂 訳　岩波書店

『聖書　新共同訳』日本聖書協会

『聖書事典』相浦忠雄等 編　日本基督教団出版部

『聖書百科全書』ジョン・ボウカー 編著　荒井献／池田裕／井谷嘉男 監訳　三省堂

『世界神話辞典』アーサー・コッテル 著　左近司祥子ほか 訳　柏書房

『全国神社大要覧』リッチマインド出版事業部

『ゾロアスターの神秘思想』岡田明憲 著　講談社

『宝島』スティーヴンスン 著　阿部知二 訳　岩波書店

『中国妖怪人物事典』実吉達郎 著　講談社

『画図百鬼夜行全画集』鳥山石燕 著　角川書店

『日本書紀』坂本太郎ほか 校注　岩波書店

『日本神社 100 選』臼田甚五郎 監修　秋田書店

『日本神話事典』大林太良／吉田敦彦 監修　大和書房

『ベーオウルフ』厨川文夫 訳　岩波書店

『図説マヤ・アステカ神話宗教事典』メアリ・ミラー／カール・タウベ 編　増田義郎 監修　東洋書林

『桃山人夜話　絵本百物語』竹原春泉 画　角川書店

『妖精 Who’s Who』キャサリン・ブリッグズ 著　井村君江 訳　筑摩書房

『妖精事典』キャサリン・ブリッグズ 編著　平野敬一ほか 訳　冨山房

『リグ・ヴェーダ讃歌』辻直四郎 訳　岩波書店

『ロシアの神話』F.ギラン 編　小海永二 訳　青土社

F-Files No.021

図解　水の神と精霊

2009年4月4日　初版発行

著者　山北　篤（やまきた　あつし）

カバーイラスト　諏訪原寛幸
本文イラスト　シブヤユウジ
渋谷ちづる
図解構成　渋谷ちづる
編集　株式会社新紀元社編集部
デザイン　スペースワイ
DTP　株式会社明昌堂

発行者　大貫尚雄
発行所　株式会社新紀元社
〒101-0054　東京都千代田区神田錦町3-19
楠本第3ビル4F
TEL：03-3291-0961
FAX：03-3291-0963
http://www.shinkigensha.co.jp/
郵便振替　00110-4-27618

印刷・製本　東京書籍印刷株式会社

ISBN978-4-7753-0696-3
定価はカバーに表示してあります。
Printed in Japan